디자이너의 AI 툴

AI총서

인공지능 시대입니다. 기계가 인간의 인지를 대신하고, 사물이 인간을 통하지 않고 다른 사물과 직접 커뮤니케이션합니다. 이에 따른 인간 삶과 문명 변화를 정확히 이해·예측·대응하는 것은 이 시대 우리 모두의 과제입니다. AI총서는 인공지능 기술과 환경의 여러 주제를 10가지 키워드로 정리합니다. 관련 개념과 이론, 학계와 산업계의 쟁점, 우리 일상의 변화를 다룹니다. 인간과 기술의 현재, 미래를 세심히 분석합니다.

일러두기

- 인명, 작품명, 저서명, 개념어 등은 한글과 함께 괄호 안에 해당 국가의 원어를 병기했습니다.
- 외래어 표기는 현행 어문규정의 외래어표기법을 따랐습니다.

처음이세요?

전문가세요?

디자이너의 AI 툴

정다운

대한민국, 서울, 커뮤니케이션북스, 2025

디자이너의 AI 툴

지은이 정다운
펴낸이 박영률

초판 1쇄 펴낸날 2025년 12월 10일

커뮤니케이션북스(주)
출판 등록 2007년 8월 17일 제313-2007-000166호
02880 서울시 성북구 성북로 5-11
전화(02) 7474 001, 팩스(02) 736 5047
commbooks@commbooks.com
www.commbooks.com

ISBN 979-11-430-1445-0 03500

책값은 뒤표지에 표시되어 있습니다.

차례

툴의 홍수 시대, 어떤 툴을 선택할 것인가

예전에 디자이너들이 가장 힘들어했던 것은 '도구 부족'이었다. 머릿속에는 멋진 아이디어가 가득한데 막상 구현할 기술이나 소프트웨어가 없어서 종이에 스케치하는 것으로 끝나는 경우가 부지기수였다. 포토샵, 일러스트레이터, 3D 프로그램, 영상 편집 툴이 하나씩 대중화되던 시절에는 새로운 도구 하나가 나오면 시장 판도가 바뀔 정도였고, 그 툴을 배우는 것 자체가 스펙이었다. 얼마나 잘 다루는지가 곧 실력을 의미했다.

그런데 지금은 상황이 완전히 뒤바뀌었다. 부족한 것은 도구가 아니라 무엇을 선택해야 할지 모르는 고민이다. 특히 AI 기술이 급속히 발전하면서 이 상황은 더욱 심해졌다. ChatGPT가 2022년에 세상을 뒤흔든 후로 한 달에 수십 개씩 AI 디자인 툴들이 우후죽순 생겨나고 있다. 이미지 생성만 해도 미드저니(Midjourney), 달리(DALL · E), 스테이블 디퓨전(Stable Diffusion), 레오나르도 AI(Leonardo AI) 등이 저마다 가격, 업데이트 속도 등 장점을 내세우며 치열하게 경쟁하고 있고, 기획부터 디자인, 프로토타입 제작, 코딩, 마케팅 문구 작성까지 디자인 전 과정을 커버하는 서비스들이 매일같이 쏟아져 나온다.

이제 진짜 문제는 "괜찮은 툴이 있는가"가 아니라 "무엇을 사용할 것인가"다. 모든 툴을 다 시도해 볼 수는 없다. 하루는 24시간이고 실제 업무에 쓸 수 있는 시간은 정해져 있는데, 새 툴을 익히는 데 드는 시간과 노력, 기존 작업 방식과의 호환성 문제, 팀원들과 협업할 때 발생하는 버전 관리 같은 숨은 비용들이 만만치 않다. 그래서 무엇을 택하고 무엇을 포기할지 판단하는 능력이 이제 디자이너의 핵심 역량이 되었다. 이 판단은 단순한 스펙 비교를 넘어서 그 툴이 내 작업 스타일, 팀의 협업 구조, 클라이언트 요구 사항과 얼마나 잘 맞물리는지를 종합적으로 살펴봐야 가능한 일이다. 실제로 TechBrew 보고서(2025)에서도 "디자이너들이 직면한 가장 큰 과제는 AI 도구 학습 필요성(85%)이며, 이어 창의성과 효율성의 균형(72%), 협업 방식 변화 적응(68%)이 뒤를 이었다"고 지적한 바 있다(TechBrew, 2025). 이는 단순히 새로운 툴이 많아진 것을 넘어, 디자이너들이 어떤 도구를 선택하고 얼마나 깊이 학습할 것인가라는 전략적 결정을 피할 수 없는 시대에 들어섰음을 보여준다.

더 많은 툴이 생길수록 모든 기능을 다 알고 활용하려는 시도는 비효율적이다. 오히려 자신에게 맞는 '툴 포트폴리오'를 구축하는 것이 중요하다(NNG, 2025). 자신의 주요 디자인 분야와 업무 방식에 최적화되고, 장기적으로 안정적으로 사용할 수 있으며, 팀원과의 협업과 데이터 흐름에 잘 통합되는 툴의 조합을 디자이너 스스로 결정해야 한다. 또한 이 조합은 장기간 고정된 것이 아니라 프로젝트 성격과 시장 변화에 따라 주기적으로 점검하고 조정해야 한다. 툴 선택의 기준은 크게 세 가지로 요약할 수 있다.

생산성 향상 vs **창의성 확장**.
어떤 툴은 속도를 높이고 오류를 줄이며, 어떤 툴은 새로운 표현 가능성을 열어준다. 목적에 따라 우선순위를 결정해야 한다.

팀의 시너지 vs **개인의 최적화**.
개인에게 편한 툴이 팀 전체의 효율을 해칠 수도 있으며, 반대로 팀 표준 툴이 개인 작업의 효율을 떨어뜨릴 수도 있다.

학습 투자 vs **지속 가능성**.
새로운 툴을 배우는 시간과 노력은 그에 상응하는 수익이 있어야 하며, 단기간에 사라질 가능성이 큰 툴에 핵심 워크플로를 의존하는 것은 위험하다.

AI 시대의 디자이너는 더 이상 모든 툴을 다 잘하는 '만능인'이 될 필요가 없다. 대신 끊임없이 변하는 상황에서도 자신의 목적과 환경에 맞는 도구를 제대로 골라내고, 선택한 툴들을 유기적으로 엮어서 생산성과 창의력을 끌어올리는 '전략가'가 되어야 한다.

툴보다 더 중요한 것은 문제 정의

디자인에서 가장 먼저 해야 할 일은 '어떤 툴을 사용할까'를 고민하는 것이 아니라 '어떤 문제를 풀어야 하는가'를 정의하는 것이다. 툴은 어디까지나 문제 해결을 위한 수단이지, 목적이 될 수 없다. 하지만 AI 툴이 쏟아져 나오는 지금, 많은 디자이너가 무의식적으로 툴의 기능과 가능성을 먼저 생각하게 된다. "이 툴이 이런 기능을 제공하니 한번 사용해 봐야겠다"라는 생각은 자연스럽지만, 출발점이 툴이면 워크플로(Work flow, 작업 흐름) 전체가 그 툴의 기능과 방식에 갇히게 된다. 그렇게 되면 결과물은 문제를 해결하기 위한 최적 해답이 아니라, 툴이 허용하는 범위 안에서만 형성된 타협안이 될 가능성이 크다.

문제 정의가 중요한 이유는, 같은 툴이라도 정의된 문제와 목표에 따라 접근 방식이 완전히 달라지기 때문이다. 예를 들어, 이미지 생성 툴인 미드저니를 활용한다고 해도, 단순히 '매력적인 일러스트'를 만드는 것이 목표인 경우와 '사용자의 시선을 유도하는 배너 이미지'를 만드는 경우는 프롬프트 설계부터 후처리 방향까지 전혀 다른 방식으로 진행된다. 전자의 경우 시각적 완성도가 핵심이지만, 후자의 경우 주변 디자인 요소와의 대비, 인지 과학, 소비자 행동론 등이 우선 고려된다. 즉, 같은 툴이라도 기획 · 프롬프트 · 후처리의 조합에 따라 결과물의 성격이 완전히 달라진다.

또한 문제 정의는 '왜 지금 이 툴을 사용해야 하는가'라는 질문에도 답을 준다. AI 툴을 사용할 수 있는 상황이라고 해서 반드시 사용해야 하는 것은 아니다. 오히려 문제의 성격에 따라 전통적인 방법이 더 효율적일 때도 있다. 예를 들어, 아주 미묘한 색감 조정이나 특정 브랜드 가이드라인에 맞춘 디테일 작업은 AI보다 디자이너의 손과 눈이 더 빠르고 정확할 수 있다. 반대로 대량의 반복 작업이나 빠른 시각적 탐색이 필요한 경우에는 AI 툴이 탁월한 가치를 발휘한다. 이런 판단은 문제 정의가 명확할 때만 가능하다.

결국 중요한 것은 툴 중심 사고가 아닌, 문제와 목표 중심의 워크플로다. 디자인 과정에서 문제 정의는 단순히 '무엇이 불편한가'를 적는 단계가 아니라 사용자의 맥락, 비즈니스 목표, 기술적 제약을 종합적으로 분석해 본질적인 과제를 도출하는 작업이다. 이 과정이 탄탄할수록 어떤 툴을 선택하든 그 활용은 명확하고 효과적이며, 결과물은 목적에 정확히 부합한다. AI 시대 디자이너는 새로운 툴을 빠르게 배우는 능력뿐 아니라, 툴이 개입하기 전 단계에서 문제를 정확히 포착하고 정의하는 능력을 가져야 한다. 그래야만 넘쳐나는 도구 속에서도 길을 잃지 않고, 목적에 맞는 최적의 결과를 만들어 낼 수 있다.

이 책의 구성

이 책은 AI 시대를 살아가는 디자이너를 위한 책이다. 디자인 현장은 지금, '도구의 부족'이 아닌 '도구의 과잉'이라는 새로운 환경에 직면해 있다. 특히 AI 기술의 급격한 발전은 수많은 디자인 툴을 탄생시켰고, 그 변화 속도는 디자이너가 따라잡기 어려울 만큼 빠르다. 더 이상 "이 툴을 쓸 줄 아느냐"가 경쟁력의 기준이 아니라, "수많은 툴 중 어떤 것을, 왜, 언제 쓸 것인가"를 판단하는 능력이 핵심 역량이 되었다.

이 책은 단순히 AI 툴의 사용법을 나열하는 매뉴얼이 아니다. 대신, 디자이너가 툴 중심 사고(Tool-driven mindset)에서 벗어나 문제와 목표 중심의 워크플로를 설계할 수 있도록 돕는다. 실제 프로젝트에서 어떤 툴을 선택하고 조합해야 하는지, 그리고 어떻게 나만의 툴 포트폴리오를 구축하고 유지 · 관리할 것인지를 체계적으로 다룬다. 이 책을 통해 독자는 다음과 같은 실질적인 도움을 얻을 수 있다.

1. AI 시대에 적합한 툴 선택 · 활용 전략.
2. 업무 맥락에 맞춘 툴 포트폴리오 설계 방법.
3. 프롬프트 설계, 결과물 검증, 후처리 등 실무 중심의 AI 활용 노하우.
4. 팀 협업과 개인 생산성을 동시에 높이는 워크플로 구축 방법.
5. 툴 변화 속에서도 지속 가능한 디자이너 역량 개발.

이러한 목표를 실현하기 위해 책은 총 10개의 장으로 구성되어 있다. 거시적인 생태계 분석에서 출발해 실무 중심의 활용과 구체적인 사례 분석으로 흐름이 전개된다. 초반부에서는 AI 툴 환경과 생태계를 넓은 시야에서 분석하며, '어떤 도구를, 왜, 언제 선택할 것인가'라는 사고 전환을 가능하게 한다. 중반부에서는 텍스트, 이미지, 영상, 3D 등 각 분야별로 실무 중심의 활용 방안을 다루며, UI · 브랜딩 · 자동화와 같은 영역에서는 개인의 생산성과 팀 협업을 동시에 강화할 수 있는 워크플로 전략을 제시한다. 후반부에서는 실제 프로젝트 사례와 함께 독자가 스스로 학습을 이어갈 수 있는 자료와 학습 가이드를 제시한다. 이를 통해 독자는 단순한 툴 사용법을 넘어, 변화하는 디자인 환경 속에서 전략적 안목과 실질적 실행력을 동시에 얻을 수 있을 것이다. 각 장의 구체적인 내용은 다음과 같다.

제1장 AI 툴 생태계 : AI 디자인 툴이 탄생하고 확산되는 흐름을 분석한다. 텍스트, 이미지, 영상, 3D, 브랜딩, 자동화 등 다양한 분야의 주요 툴과 시장 구조를 개관한다.

제2장 텍스트 기반 AI 툴 : 기획서, 콘셉트 노트, 마케팅 카피, UX 시나리오 등 텍스트 산출물을 자동화 · 고도화하는 툴의 활용법을 다룬다. 챗지피티(ChatGPT), 노션 AI(Notion AI), Jasper 등의 비교와 프롬프트 전략을 제시한다.

제3장 이미지 생성 AI 툴 : 미드저니, 달리, 스테이블

디퓨전 등 이미지 생성 툴의 특징과 활용 사례를 소개한다. 목적 있는 비주얼을 만들기 위한 프롬프트 설계, 스타일 제어, 후처리 방법을 포함한다.

제4장 영상 및 모션 디자인 툴 : 런웨이(Runway), 피카(Pika), 카이버(Kaiber) 등 영상·모션 제작을 지원하는 AI 툴을 다룬다. 스토리보드 제작, 장면 전환, 모션 그래픽 자동화 등 시각적 스토리텔링 강화를 위한 활용법을 제시한다.

제5장 3D와 제품 디자인 툴 : 블렌더 AI 플러그인(Blender AI Plugin), 스플라인(Spline), 엔비디아 옴니버스(NVIDIA Omniverse) 등 3D 모델링과 제품 디자인에 특화된 AI 툴을 소개한다. 시제품 제작과 가상 촬영, 제품 렌더링의 효율화 방안을 다룬다.

제6장 프로토타이핑과 UI 디자인 툴 : 피그마(Figma), 프레이머(Framer), 위자드(Uizard) 등 UI 설계와 인터랙션 프로토타이핑에 유용한 AI 툴을 설명한다. 아이디어 검증과 반복 개선, 팀 협업 최적화 방법을 제시한다.

제7장 브랜딩과 스타일링 툴 : 루카(Looka), 브랜드마크(Brandmark), 크로마(Khroma) 등 브랜딩 콘셉트와 비주얼 아이덴티티를 지원하는 AI 툴을 다룬다. 색채 팔레트, 로고 디자인, 스타일 가이드 자동 생성 등 브랜드

경험을 통합적으로 설계하는 방법을 설명한다.

제8장 툴의 통합과 워크플로 자동화 : 재피어(Zapier), 메이크(Make), 엔에잇엔(n8n) 등 툴 간 데이터를 연결하고 반복 업무를 자동화하는 방법을 다룬다. 디자인 · 기획 · 마케팅 툴을 유기적으로 결합하는 전략을 제시한다.

제9장 AI 툴 디자인 사례 : 국내외 다양한 디자인 프로젝트에서 AI 툴이 실제로 어떻게 활용되었는지를 사례 중심으로 분석한다. 도입 배경, 활용 과정, 성과와 한계를 균형 있게 다룬다.

제10장 추가 리소스와 학습 자료 : AI 디자인 툴을 더 깊이 탐구할 수 있는 웹사이트, 튜토리얼, 커뮤니티, 연구 보고서를 정리한다. 스스로 학습하고 네트워크를 확장할 수 있는 경로를 제시한다.

각 장은 독립적으로 읽어도 유익하지만, 순서대로 읽을 경우 '툴 환경의 이해→분야별 활용→통합과 자동화→사례 분석→지속 학습'이라는 흐름을 자연스럽게 경험할 수 있도록 설계되었다. 이와 같은 구성은 단순한 툴 설명집을 넘어, 'AI와 디자이너의 공존을 통해 완성되는 창의적 과정'이라는 희망적 메시지를 담고 있다. 카네기멜론대학교 연구에서도 "AI는 아이디어 발상을 촉진하고 인간은 그 결과를 평가하며 방향을 제시하는 역할을 한다"고 언급되었듯이, AI는 디자이너의 창의성을 대체하기보다 확장을 도와주는 동반자다. 이 책이 AI 시대 디자이너가 마주할 모든 과제를 해결할 수는 없으나 빠르게 변화하는 AI 툴 환경 속에서 흔들림 없이 나아갈 수 있는 안목과 실행력을 키워 주는 출발점이 되기를 희망한다.

참고문헌

서지윤(2025.6.25). "디자인 분야에서 AI와 인간 역할의 조화 진화 전망". TechBrew. https://techbrew.co.kr/ittrend/?bmode=view&idx=166082786

Brown, M. et al.(2025.5.9). AI Design Tools Are Marginally Better: Status Update. NNG. https://www.nngroup.com/articles/ai-design-tools-update-2

Singh, P.(2025.9.6). I tried 70+ best AI tools in 2025. TechRadar. https://www.techradar.com/best/best-ai-tools

01
AI 툴 생태계

오늘날 AI 툴은 콘텐츠 제작, 비즈니스 자동화, 데이터 분석, 협업 최적화 등 전 산업의 흐름을 바꾸며, 특히 디자인 분야에서는 아이디어 발상에서 브랜드 구축, 멀티미디어 제작까지 창작 과정 전체를 새롭게 정의하고 있다.
그렇다면 이처럼 빠르게 진화하는 AI 툴 생태계 속에서, 디자이너는 어떤 전략과 사고로 미래의 경쟁력을 만들어 갈 수 있을까.

기후 위기와 인공지능?

AI 툴 시장의 폭발적 성장과 변화 속도

전 세계 인공지능 시장은 지난 10여 년간 기술 산업에서 가장 무서운 속도로 성장해 왔다. 시장조사기관 Grand View Research에 따르면, 2023년 약 1969억 달러 규모였던 AI 시장은 연평균 37.3%라는 가파른 성장률로 확대되어 2030년에는 1조 8100억 달러에 이를 것으로 전망된다(Grand View Research, 2025). 이런 흐름은 단순히 일시적인 기술 열풍이 아니라 차근차근 단계를 밟아 온 결과다. 2015년부터 2019년까지 AI 시장은 주로 연구개발과 클라우드 인프라 구축에 집중되어 있었고, AI 기술을 직접 활용하는 서비스는 아직 제한적이었다. 그러나 2020년부터 2022년까지는 클라우드 기반 API, 머신러닝 플랫폼, 챗봇 등 상용 서비스가 본격적으로 퍼지면서 AI가 산업 전반에 걸쳐 실질적인 도구로 자리를 잡기 시작했다. 그리고 2023년 이후, 생성형 AI가 등장하면서 시장 성장의 양상이 완전히 바뀌었다. 이제 AI는 단순히 데이터 분석을 도와주는 기술이 아니라, 콘텐츠를 직접 만들어 내고 창의적인 작업에까지 손을 뻗치는 존재가 되었다.

이런 변화가 AI 툴 시장의 급성장으로 이어진 것은 당연한 수순이었다. 처음에는 데이터 분석과 자동화 도구가 시장을 이끌었지만, 2022년 이후로는 텍스트 · 이미지 · 영상 등 다양한 형태의 생성형 툴이 주역으로 떠올랐다. 이 시기부터 AI 툴은 하나의 기능만 담당하는 보조 역할에서 벗어나 기획부터 제작, 검증, 배포까지 전체 과정을 커버하는 통합 환경으로 발전했다.

디자인 영역에 특화된 AI 툴 시장도 같은 패턴으로 성장하고 있다. 글로벌 AI-Powered Design Tools 시장은 2023년 약 44억 달러에서 연평균 19.6% 성장하여 2033년에는 약 26.5억 달러 규모에 이를 것으로 예상된다(Market.us, 2023). 2015년부터 2019년까지 AI 디자인 툴은 포토샵이나 일러스트레이터에 붙어있는 플러그인처럼 일부 기능을 보조하는 정도였다. 2020년에서 2022년 사이에는 자동 레이아웃 생성, 색상 추천, 간단한 이미지 생성 기능이 널리 퍼지면서 디자이너의 작업 효율을 높이는 '부분적 생성' 단계로 넘어갔다. 그리고 2023년 이후, 미드저니, 달리, 런웨이 같은 완전 생성형 비주얼 툴이 나타나면서 디자인 작업은 초기 기획에서 시각화, 후처리에 이르기까지 AI의 직접적인 도움을 받을 수 있는 새로운 시대에 접어들었다.

이 모든 변화를 관통하는 키워드는 속도와 다양성, 그리고 통합성이다. 신규 툴의 출시와 업데이트 주기는 몇 주 단위로 빨라졌고, 텍스트 · 이미지 · 영상 · 3D · 브랜딩 · 자동화 등 활용 분야는 끝없이 확장되고 있다. 동시에 API와 플러그인을 통한 툴 간 연결이 당연한 것이 되면서 워크플로 자동화가 현실이 되고 있다. 이런 환경에서 디자이너에게 필요한 것은 단순히 많은 툴을 잘 다루는 기술이 아니다. 오히려 시장의 흐름을 파악하고, 그 안에서 자신의 목적과 작업 환경에 맞는 툴을 전략적으로 골라내고 조합하는 판단력이 무엇보다 중요해지고 있다.

분야별 AI 툴의 주요 카테고리와 특징

현대 AI 툴 생태계는 기술적 복잡성과 응용 영역의 다양성 측면에서 전례 없는 확장을 보이고 있다. 이를 체계적으로 이해하기 위해 콘텐츠 창작, 비즈니스 자동화, 데이터 분석, 협업 최적화라는 네 가지 영역으로 나누어 각각의 특징과 혁신적 가치를 살펴볼 수 있다.

첫째, 콘텐츠 창작 도구들은 창작 행위 자체에 대한 근본적인 재해석을 제시한다. 이 분야는 생성형 AI 기술의 발전과 함께 가장 급진적인 변화를 경험하고 있으며, 텍스트 · 이미지 · 영상 · 오디오라는 전통적 매체 구분을 넘나드는 멀티모달 창작을 가능하게 한다. 멀티모달이

란 서로 다른 형태의 데이터(언어, 이미지, 음성 등)를 동시에 이해하고 결합해 하나의 결과물로 만들어 내는 방식을 의미한다. 예를 들어 챗지피티, 클로드(Claude), 재스퍼(Jasper)는 단순한 문장 생성에 그치지 않고, 특정 브랜드 톤과 스타일을 반영하거나 목적에 맞는 구조로 글을 구성할 수 있다. 미드저니, 달리 같은 이미지 생성 툴은 디자이너가 몇 시간씩 걸려 만들 수 있는 시각 자료를 몇 초 만에 제시하며, 런웨이(Runway)나 신세시아(Synthesia)는 영상 제작과 편집, 가상 인물 출연까지 지원한다. 오디오와 음악 생성 역시 빠르게 발전하고 있어, 사운드로(Soundraw)나 머프 AI(Murf AI) 같은 툴은 배경 음악, 내레이션, 효과음을 자동 생성하여 콘텐츠 완성도를 높인다. 이처럼 콘텐츠 생성 AI 툴은 제작 속도를 단축하는 동시에 다양한 스타일 실험을 가능하게 해 창작 과정의 질적 변화를 이끌고 있다.

둘째, 비즈니스 자동화 영역이다. 이 분야는 고객 유입과 매출 증대라는 명확한 목표를 중심으로 AI를 활용한다. 광고 캠페인 기획부터 실행, 성과 분석까지 전 과정을 자동화하거나 반자동화해 마케팅 팀의 부담을 줄인다. 허브스팟 AI(HubSpot AI), 애드크리에이티브.ai(AdCreative.ai), 오코야(Ocoya) 등은 타깃별 맞춤형 광고를 생성하고, SNS 게시물 제작부터 배포 예약, 성과 측정을 한 번에 처리한다. 특히 주목할 점은 이러한 도구들이 단순한 작업 자동화를 넘어 고객 행동 패턴 분석을 통한 예측적 마케팅을 가능하게 한다는 것이다. 예를 들어, 구매 포기 고객에 대한 자동화된 리타깃팅은 개별 고객의 과거 행동 데이터를 기반으로 최적화된 메시지와 할인 혜택을 제공한다. 이는 마케팅 활동의 효율성을 높일 뿐만 아니라 마케터의 역할을 전술적 실행에서 전략적 기획으로 전환시키는 업무의 구조적 변화를 촉진한다.

셋째, 데이터 분석 도구들은 복잡한 데이터 세트에서 의미 있는 패턴과 예측 가능한 트렌드를 추출하는 고도화된 분석 능력을 제공한다. 태블로 AI(Tableau AI), 구글 클라우드 버텍스 AI(Google Cloud Vertex AI), 몽키런(MonkeyLearn)같은 툴은 비즈니스 데이터, 사용자 행동 데이터, 시장 조사 자료를 시각화하고, 통계 모델이나 머신러닝 알고리즘을 통해 예측 분석을 수행한다. 따라서 사용자는 복잡한 통계 프로그래밍 언어를 배우지 않고도 "지난달 매출이 감소한 이유는 무엇인가?"와 같은 일상적 언어로 질문하면 정확한 데이터와 동시에 AI가 데이터를 통해 예측한 핵심 통찰을 얻을 수 있다. 이는 전통적으로 데이터 과학 전문가의 영역이었던 고급 기술을 일반 비즈니스 사용자가 접근 가능하게 만드는 '데이터 분석의 대중화'를 실현하고 있다. 동시에 직관과 경험에 의존했던 전통적 의사 결정 방식에서 객관적 근거를 활용한 데이터 기반 의사 결정 문화를 확산시키고 있다.

마지막으로 업무 생산성 및 협업 강화 영역이다. 프로젝트 관리, 문서 작성 · 정리, 회의 요약, 워크플로 자동화 등을 통해 조직 전체의 효율을 높인다. 노션 AI와 클릭업 AI(ClickUp AI)는 회의 내용을 자동으로 요약하고, 핵심 액션 아이템을 정리하며, 프로젝트 일정과 업무 배정을 자동 업데이트한다. 재피어 AI(Zapier AI)나 메이크(Make)는 서로 다른 SaaS 플랫폼 간의 데이터 연동을 자동화한다. 한 플랫폼에서 고객 설문 응답이 접수되면 자동으로 다른 플랫폼에 CRM을 등록하고 마케팅 이메일을 발송하는 식의 일련의 과정을 무인화할 수 있다. 이런 툴들은 단순히 시간을 절약하는 수준을 넘어, 정보 공유 속도를 높이고 커뮤니케이션 오류를 줄여 협업의 질적 수준을 향상시킨다.

이 중에서도 디자인 영역은 AI 기술의 창의적 잠재력이 가장 극명하게 발현되는 분야 중 하나다. 전통적으로 인간의 직관과 미적 감각에 전적으로 의존했던 창작 과정이 AI와의 협업을 통해 새로운 차원으로 확장되고 있으며, 이는 창작 행위 자체에 대한 근본적 재정의를 촉발하고 있다. 디자인 프로세스의 각 단계별로 특화된 AI 툴들이 등장하면서, 창작자의 역할과 작업 방식에 구조적 변화가 일어나고 있다.

아이디어 및 콘셉트 개발 툴

창작의 초기 단계인 아이디어 발산 과정은 AI 기술의 도입으로 가장 혁명적인 변화를 경험하고 있다. 미드저니, 달리, 스테이블 디퓨전과 같은 텍스트-이미지 생성 모델들은 언어적 개념을 시각적 형태로 즉시 변환하는 능력을 통해 창작자의 상상력을 구체적 형태로 시각화한다. 이러한 도구들의 핵심 가치는 단순한 이미지 생성에 있지 않다. 오히려 창작자가 가진 추상적 아이디어를 다양한 시각적 변주를 통해 탐색하고, 예상치 못한 창작 방향을 발견할 수 있게 한다는 점에 있다. 특히 주목할 점은 이들 도구가 제공하는 '확산적 사고(divergent thinking)'의 확장성이다. 하나의 프롬프트에서 수백 가지 변형을 생성할 수 있는 능력은 전통적인 브레인스토밍의 한계를 뛰어넘는다. 창작자는 자신의 인지적 편향과 경험적 제약에서 벗어나 새로운 시각적 가능성을 탐험할 수 있게 되었다.

UI/UX 설계 · 프로토타이핑 툴

사용자 경험 설계 영역에서 AI 도구들은 인간 중심 설계 원칙과 데이터 기반 최적화를 결합하는 새로운 방법론을 제시한다. 피그마(Figma), 프레이머(Framer), 위자드(Uizard)와 같은 플랫폼들은 단순한 디자인 도구를 넘어 지능적 설계 파트너로 진화하고 있다. 이들은 사용자 행동 패턴 분석, 접근성 가이드라인 자동 검증, 반응형 레이아웃 최적화 등을 통해 설계 과정의 품질과 효율성을 동시에 향상시킨다. 특히 프로토타이핑 단계에서의 AI 활용은 설계와 개발 간의 전통적 경계를 흐리고 있다. 설계안이 바로 작동하는 프로토타입으로 변환되고, 사용자 테스트 결과가 실시간으로 설계에 반영되는 순환적 최적화 과정이 구현되고 있다. 이는 디자인 사고의 반복적 접근법을 기술적으로 지원하는 인프라를 제공한다.

브랜딩 · 비주얼 아이덴티티 개발 툴

브랜드 정체성 구축 영역에서 AI 도구들은 추상적 브랜드 가치를 일관된 시각 언어로 번역하는 복잡한 과정을 체계화하고 있다. 루카(Looka), 크로마(Khroma), 브랜드마크

(Brandmark)와 같은 도구들은 브랜드의 핵심 메시지와 타깃 오디언스의 특성을 분석하여 색채, 타이포그래피, 로고 등의 시각적 요소를 통합적으로 제안한다. 이러한 도구들의 혁신성은 디자인 원칙의 자동화에 있지 않다. 오히려 브랜드 전략과 시각적 표현 사이의 논리적 연결을 명확히 하고, 다양한 터치 포인트에서 일관성을 유지할 수 있는 시스템적 접근을 가능하게 한다는 점에서 그 가치를 찾을 수 있다.

모션 · 영상 · 멀티미디어 제작 툴

런웨이(Runway), 피카(Pika), 카이버(Kaiber)와 같은 도구들은 시간축을 가진 동영상 제작의 복잡성을 혁신적으로 단순화하고 있다. 전통적으로 높은 기술적 진입 장벽과 막대한 시간 투자를 요구했던 영상 제작이 개념적 기획 중심으로 전환되고 있다.

3D · 제품 디자인 툴

3차원 설계 영역에서 블렌더(Blender) AI 플러그인, 엔비디아 옴니버스(NVIDIA Omniverse)는 물리적 제약을 초월한 창작 환경을 구현하고 있다. 이들 도구는 단순한 3D 모델링을 넘어 가상 물리 법칙을 적용한 시뮬레이션, 실시간 렌더링, 협업적 가상공간 구축을 지원한다. 제품 콘셉트 시각화,

제작 전 검증, 가상 촬영 등에서 활용되며, 제조 · 게임 · 메타버스 분야에서도 높은 수요를 보인다.

이러한 분야별 툴들의 진화는 독립적인 현상이 아니라 상호 연결된 생태계적 발전으로 이해되어야 한다. 아이데이션에서 생성된 콘셉트가 UI 설계로 발전하고, 브랜드 아이덴티티와 통합되어 최종적으로 멀티미디어 콘텐츠로 구현되는 통합적 워크플로가 현실화되고 있다. 따라서 비슷한 기능을 제공하는 각 툴이라 할지라도 각기 다른 강점과 사용 맥락을 지니고 있으므로 디자이너는 이를 이해하고 자신의 작업 범위와 프로젝트 성격에 맞춰 활용해야 한다.

툴 간 연결성과 통합 생태계의 확장

AI 툴 생태계에서 중요한 특징 중 하나는 개별 툴들이 서로 연결되어 함께 작동한다는 점이다. 과거에는 기획, 디자인, 후처리까지 한 프로그램에서 처리하는 방식이 일반적이었다. 그러나 지금은 각 툴이 자신이 가장 잘하는 역할을 맡고, API나 플러그인, 자동화 플랫폼 등을 통해 유기적으로 연결된다. 이런 변화는 디자이너에게 자신만의 워크플로를 자유롭게 설계할 수 있는 유연성과 확장성을 제공한다.

예를 들어, 챗지피티로 작성한 기획을 피그마의 AI 플러그인이 자동으로 UI 시안으로 바꿔주고, 미드저니가 만든 이미지를 포토샵에서 다듬고, 다시 런웨이로 불러와 영상으로 확장하는 흐름이 가능하다. 여기에 자동화 서비스 재피어나 메이크, 엔에잇엔을 연결하면, 이 전체 과정을 거의 사람의 개입 없이 순서대로 실행할 수 있다. 이런 방식이 마치 여러 툴이 하나의 팀처럼 유기적으로 움직이는 모습이다.

실제로 이러한 툴 간 연동의 효과성은 학술적 연구를 통해서도 입증되고 있다. AI 워크플로 관리 효율성 향상에 관한 연구에 따르면, MLOps 환경에서 모델 학습부터 튜닝, 배포, 모니터링까지의 전체 과정을 일관된 파이프라인으로 자동화할 경우 시간과 자원 소모가 현저히 감소하는 것으로 나타났다(김동길 · 정태윤, 2023).

하지만 연결성이 증가하면 그에 따른 관리 복잡성도 커진다. 툴 간 상호 의존성이 높아질수록 특정 서비스의 중단이나 정책 변경이 전체 워크플로에 미치는 파급 효과가 커진다. 개별 도구의 서비스 종료, 과금 정책 변경, 버전 업데이트로 인한 호환성 문제 등은 통합된 창작 환경의 지속가능성을 위협하는 요소들이다. 따라서 툴 선택 시에는 단순한 기능적 우수성뿐만 아니라 다른 툴과의 연동 안정성, 데이터 호환성, 그리고 서비스의 장기적 지속가능성 등을 종합적으로 평가해야 한다. 또한 더 넓은 관점에서 해당 비즈니스 모델의 지속성, 개발사의 신뢰성, 생태계 내에서의 위치 등을 포함하는 다차원적 평가가 함께 고려되어야 한다.

결국 AI 시대에 생산성과 창의성을 동시에 극대화하는 핵심은 개별 도구의 선택을 넘어 이들을 어떻게 연결하고 통합된 워크플로로 설계하느냐에 달려 있다. 이는 단순한 기술적 숙련도를 넘어서는 시스템적 사고와 전략적 설계 역량을 요구하는 영역이며, 미래의 창작자와 디자이너에게는 이러한 메타 레벨의 설계 능력이 핵심 경쟁력으로 대두될 것이다.

참고문헌

김동길·정태윤(2023). "AI 워크플로의 효율적인 관리를 위한 MLOps 개발 환경에 관한 연구". 《한국지식정보기술학회 논문지》, 18(6), 1417~1429쪽.

유청범·오인하(2024). "중소기업 전문경영인을 위한 마케팅 자동화 인공지능 솔루션의 활용연구". 《전문경영인연구》, 27(2), 75~98쪽.

이윤경·김선철(2025). "AI를 활용한 제품 디자인 프로세스: 효율성과 창의성 탐구". 《한국디자인포럼》, 30(1), 125~136쪽.

Grand View Horizon(n.d.). Global Artificial Intelligence Market Size & Outlook.
https://www.grandviewresearch.com/horizon/outlook/artificial-intelligence-market-size/global

02
텍스트 기반 AI 툴

글쓰기의 본질은 생각을 정리하고 세상과 소통하는 데 있다. 오랫동안 이 과정은 오로지 인간만이 수행할 수 있는 고유한 영역으로 여겨져 왔다. 그러나 텍스트 기반 AI의 등장은 글쓰기의 의미와 방식을 근본적으로 흔들어 놓고 있다. 이제 AI는 단순한 보조자가 아니라 아이디어의 방향을 제시하고 사고의 폭을 넓혀 주는 협업자이자 창작 파트너로 자리 잡았다.

노래하는 AI 보컬?

텍스트 기반 AI 툴의 개념과 진화

텍스트 기반 AI 툴은 자연어 처리(NLP, Natural Language Processing) 기술을 바탕으로 사람의 언어를 이해하고 생성하는 기능을 중심으로 발전해 왔다. 초기에는 정해진 규칙에 따라 대답을 만들거나, 입력된 글에서 특정 단어를 찾아 반응하는 정도에 그쳤다. 그러나 2017년 구글이 발표한 트랜스포머(Transformer) 구조의 등장은 언어 모델의 패러다임을 근본적으로 바꾸었다.

트랜스포머는 문장 전체를 한 번에 바라보며 단어 간의 관계를 계산하는 '자기 주의(Self-Attention)' 메커니즘을 기반으로 한다. 즉, 전체 문장을 동시에 분석해 각 단어가 서로 어떤 관련을 맺고 있는지를 파악하는 방식이다. 예를 들어 '소파에 누워 영상을 본다'는 문장을 읽을 때, '소파'와 '누워 있다', '영상' 사이의 관계를 동시에 이해하는 것이다. 이 방식은 이전의 순차 처리 모델보다 학습 속도가 빠르고, 긴 문장이나 여러 문장이 연결된 글도 문맥을 유지하며 이해하는 데 유리하다.

트랜스포머의 등장 이후, 이를 더 큰 규모로 발전시킬 수 있었던 배경에는 기술 환경의 변화가 있었다. 방대한 텍스트 데이터를 수집 · 정제하는 기술이 고도화되었고, GPU · TPU 같은 고성능 하드웨어가 보급되면서 대규모 학습이 가능해졌다. 여기에 분산 학습 프레임워크, 클라우드 인프라, 초고속 네트워크가 결합되면서 수십억~수천억 개 파라미터를 가진 모델을 효율적으로 훈련할 수 있는 기반이 마련됐다. 특히 오픈소스 문화의 확산은 이러한 변화를 가속화했다. 트랜스포머 구조를 구현한 코드, 사전 학습된 모델, 대규모 데이터 세트가 전 세계에 무료로 공개되면서, 누구나 이를 내려받아 실험하고 개선할 수 있었고, 그 결과 텍스트 기반 AI 기술의 연구·개발 속도는 폭발적으로 빨라졌다.

이러한 기술적 토대 위에서 등장한 것이 대규모 언어 모델(LLM, Large Language Model)이다. LLM은 방대한 텍스트를 학습해 단어 예측을 기반으로 맥락에 맞는 문장을 생성한다. GPT 계열, Claude, LLaMA와 같은 모델은 문맥 이해, 창의적 글쓰기, 복잡한 질의응답, 언어 번역, 코드 작성 등 과거 AI가 수행하기 어려웠던 다양한 언어 기반 작업을 해낼 수 있다.

이 진화는 텍스트 기반 AI 툴의 역할을 단순한 문장 완성기에서 통합 창작·정보 처리 환경으로 확장시켰다. 사용자는 아이디어 발상, 자료 조사, 구조 설계, 콘텐츠 작성, 편집·개선에 이르기까지 전 과정을 AI의 도움을 받아 진행할 수 있다. 반복적이고 시간이 많이 소요되는 작업을 AI에 위임함으로써 기획 · 전략 · 창의적 해석에 더 많은 시간을 쓸 수 있게 되었으며, 다국어 지원, 실시간 피드백, 개인화된 스타일 반영 등 맞춤형 편의도 제공된다.

이 변화는 연구 결과에서도 확인된다. GPT-3 기반 글쓰기 지원 시스템을 활용한 대학생 그룹이 전통적인 글쓰기 방식의 그룹에 비해 아이디어 확장과 문장 구조 개선에서 유의미한 향상을 보였다는 결과가 보고되었다(박혜림 · 이의연, 2025). 이 사례는 텍스트 기반 AI가 인간 창작자의 사고 과정과 결과물 품질을 동시에 향상시키는 협업형 창작 구조로 자리 잡아가고 있음을 보여준다.

텍스트기반 AI = 아이디어의 씨앗

텍스트 기반 AI 툴은 기획과 아이데이션 단계에서 중요한 역할을 수행한다. 프로젝트의 성패는 종종 초기 단계에서 결정되며, 이 시기에 얼마나 폭넓고 깊이 있는 아이디어를 확보하느냐가 결과물의 수준을 좌우한다. 전통적으로 아이디어 발굴과 구조화를 위해서는 팀 브레인스토밍, 자료 조사, 경쟁사 분석 등의 반복적 과정이 필요했다. 이러한 과정은 상당한 시간과 인력 자원을 요구하며, 아이디어의 폭이 제한되는 경우가 많았다. 텍스트 기반 AI 툴의 등장은 이러한 기존의 기획 프로세스에 변화를 가져왔다.

AI는 사용자로부터 주제, 목표, 대상, 제약 조건 등의 정보를 입력받아 이를 토대로 다양한 관점의 제안을 생성한다. 예를 들어, UX 디자인 프로젝트에서 "20대 초반 여성 대상의 지속가능 패션 앱"이라는 조건을 입력하면, AI는 관련 트렌드, 주요 기능 아이디어, 사용자 페르소나, 서비스 시나리오까지 제안할 수 있다. 이렇게 생성된 제안은 완성본이라기보다 '아이디어의 원석'에 가깝지만, 기획자는 이를 기반으로 방향성을 설정하고 후속 작업을 설계할 수 있다.

노션 AI, 챗지피티, 클로드와 같은 툴은 단순한 아이디어 나열을 넘어서 입력된 조건과 문맥에 맞춰 아이디어를 구조화하고 우선순위를 제시한다. 예를 들어, AI는 "핵심 기능 3개, 부가 기능 2개, 향후 확장 가능성"처럼 구조를 먼저 잡아주기 때문에 기획자는 초기 단계부터 실행 가능한 형태의 설계를 구상할 수 있다. 이는 특히 제한된 시간 내에 다양한 콘셉트를 비교·검토해야 하는 업무 환경에서 유용하다.

아이데이션 단계에서 텍스트 기반 AI의 특징 중 하나

는 다각도 사고의 촉진이다. 인간은 경험과 지식의 범위 내에서 사고하기 때문에 발상이 편향될 수 있다. 반면 AI는 광범위한 데이터 학습을 바탕으로 예기치 못한 연관성을 찾아 제시할 수 있다. 예를 들어, "교육용 VR 플랫폼" 아이디어를 요청했을 때, AI는 교육학, 게임 디자인, 심리학, UX 원칙 등 서로 다른 분야의 개념을 결합해 새로운 제안을 만들어 낸다. 이런 방식은 아이디어의 다양성을 확보하고 혁신적인 솔루션 발견 가능성을 높인다.

디자이너의 관점에서 보면, 텍스트 기반 AI는 단순한 기획 지원을 넘어 아이디어를 시각적으로 구현하는 연결 고리 역할을 한다. 예를 들어, AI가 제안한 사용자 시나리오를 기반으로 이미지 생성 툴(Midjourney, DALL·E)로 콘셉트 이미지를 만들고, 이를 다시 프로토타이핑 툴(Figma, ProtoPie)에 적용할 수 있다. 이처럼 기획 단계에서 나온 결과물이 다른 툴과 연계되면 콘셉트에서 시제품 제작까지의 전환 속도가 향상된다. 실제 교육 현장에서도 바로 이미지를 만드는 것보다 챗지피티와 미드저니를 활용해 텍스트로 시각화를 먼저 진행해 보는 수업에서 표현 기술 만족도와 수업 흥미도가 향상되는 결과가 확인되었다(민지영 · 정병국, 2023).

또한 AI는 기획안을 평가하고 보완하는 데에도 활용

된다. "이 기능이 실제 사용자에게 필요한가?", "경쟁 서비스와의 차별점이 충분한가?"와 같은 검증 질문을 AI에 제시하면, 관련 시장 분석과 사용자 반응 예측을 기반으로 개선 포인트를 제시할 수 있다. 이는 사전에 리스크를 줄이고 기획 단계에서 완성도를 높이는 데 기여한다.

결국, 텍스트 기반 AI 툴은 기획과 아이데이션의 속도와 질을 동시에 향상시키는 협력 도구로 자리 잡고 있다. 디자이너는 AI가 제시한 자료와 아이디어를 비판적으로 검토하고 창의적인 방향성을 더하는 역할에 집중할 수 있다. 이는 AI 시대의 기획자가 단순한 '아이디어 생산자'에서 '아이디어 큐레이터'로 역할이 재정의되고 있음을 보여준다.

디자이너를 위한 텍스트 기반 AI 툴 추천

디자이너가 실무에서 활용하기 좋은 텍스트 기반 AI 툴은 챗지피티, 클로드, 노션 AI, 재스퍼 AI 등 4가지다.

챗지피티는 범용성이 가장 넓은 텍스트 생성 AI로, UX 기획서와 서비스 설명문, 사용자 시나리오, 마이크로카피 작성 등 다양한 작업에서 활용할 수 있다. 예를 들어, 앱 온보딩 화면의 문구를 여러 버전으로 생성해 비교하거나, 브랜드 콘셉트에 맞춘 슬로건을 제안받을 때

유용하다. 빠른 아이디어 확장과 다양한 표현 방식 제시가 장점이지만, 결과물이 항상 정확하거나 맥락을 완벽히 반영하는 것은 아니므로 디자이너의 검토와 수정을 거쳐야 한다.

클로드는 장문 처리와 맥락 유지 능력이 뛰어나, 방대한 자료를 분석하거나 긴 보고서를 구조화하는 데 강점을 가진다. 예를 들어, 수십 페이지에 달하는 리서치 문서를 업로드해 핵심 인사이트를 요약하거나, 브랜드 매뉴얼 전반을 검토해 개선 아이디어를 제안받는 식이다. 여러 자료에서 필요한 정보를 추출해 하나의 문서로 통합하는 데 효과적이지만, 완전히 새로운 아이디어를 제로에서 창출하는 작업보다는 주어진 정보를 가공 · 정리하는 데 더 적합하다.

노션 AI는 문서 작성, 아이디어 정리, 프로젝트 관리가 한 환경에서 이루어지는 올인원 작업 공간에 AI 기능을 결합한 형태다. 디자이너는 프로젝트 일정 관리와 아이디어 보드를 작성하면서 동시에 AI에게 회의록 요약이나 문장 다듬기, 번역 등을 요청할 수 있다. 예를 들어, 디자인 피드백 회의 후 회의록을 자동으로 요약해 팀 페이지에 공유하거나, 아이디어 보드 내용을 간결한 콘셉트 설명으로 변환하는 작업이 가능하다. 툴 전환 없이 모든 작업을 같은 공간에서 처리할 수 있는 점이 강점이지만, 전문 AI 툴에 비해 세부 생성 품질은 다소 제한적일 수 있다.

재스퍼 AI는 마케팅과 브랜딩 콘텐츠 제작에 특화된 AI로, 광고 문구·캠페인 카피·SNS 게시물 작성에 강하다. 디자이너는 하나의 시각물을 다양한 채널에 맞는 문구로 변환하거나, 브랜드 톤을 유지하면서 다수의 카피 버전을 제작할 수 있다. 예를 들어, 신제품 프로모션 이미지를 준비한 뒤, 이를 페이스북·인스타그램·이메일 뉴스레터 각각에 맞는 스타일로 변환해 배포하는 식이다. 브랜딩 목적의 문구 작성에는 뛰어나지만, 기술적 설명이나 기획 문서 작성에는 적합하지 않을 수 있다. 이 네 가지 툴은 성격과 강점이 다르기 때문에, 목적에 따라 조합해 사용하는 것이 효과적이다. 예를 들어, 챗지피티로 기획안 초안을 작성하고, 클로드로 장문 보고서와 자료 정리를 마친 뒤, 노션 AI로 협업 환경에서 실시간 보정과 관리를 진행하고, 마지막에 재스퍼 AI로 최종 마케팅 카피를 제작하는 방식이다. 이렇게 하면 디자이너는 기획부터 마케팅까지의 텍스트 기반 작업을 하나의 흐름으로 통합할 수 있으며, 아이디어의 일관성을 유지하면서도 작업 속도와 품질을 동시에 끌어올릴 수 있다.

품질 향상 기법

텍스트 기반 AI 툴의 가장 큰 장점 중 하나는 콘텐츠를 제작하고 다듬는 속도를 비약적으로 높일 수 있다는 점이다. 기획과 아이데이션 단계에서 마련한 구조를 바탕으로, AI는 블로그 글, 제품 설명, 마케팅 문구, 프레젠테이션 원고, 시나리오 등 다양한 형태의 초안을 단 몇 분만에 완성한다. 반복적이고 규칙적인 문장 작성은 AI가 담당하고, 사람은 창의성과 전략이 필요한 부분에 집중할 수 있다.

편집 단계에서도 AI는 품질 향상에 중요한 역할을 한다. 맞춤법 · 문법 교정, 문장 흐름 개선, 의미 재구성, 스타일 변환 등의 기능을 통해 작성된 원고를 목적과 형식에 맞게 재가공할 수 있다. 예를 들어, 보고서 내용을 프레젠테이션 원고로 변환하거나, 긴 글을 요약해 짧은 홍보 문구로 만드는 작업을 자동화할 수 있다.

최근에는 멀티모달 AI의 발전이 이러한 작업 방식을 한층 넓히고 있다. 특히 텍스트 기반 콘텐츠 작성에서는 '처음부터 글을 쓰는 방식'에 국한될 필요가 없다. 이미지, 영상, 사진과 같은 비(非)텍스트 자료를 AI에 입력하면 이를 분석해 설명문, 요약, 기사, 보고서, 블로그 글 등 다양한 텍스트로 변환할 수 있다. 예를 들어, 제품 사진을 기반으로 특징과 장점을 정리한 제품 소개문을 만들거나, 회의 영상을 분석해 핵심 논의 내용을 회의록 형태로 제공하는 식이다. 이 과정은 자료 수집과 정리에 드는 시간을 크게 줄여 주며, 작성자는 확보된 시간으로 내용 검토와 전략 수립에 집중할 수 있다.

그러나 AI의 작업 속도가 빠르다고 해서 AI가 생성한 결과물을 그대로 사용하는 것은 바람직하지 않다. 최종 품질을 보장하려면 체계적인 후처리 과정이 필요하다. 다음과 같은 방법들이 효과적이다.

다중 버전 비교(Multi-Output Comparison)

동일한 주제를 다양한 톤과 구조로 작성하게 한 뒤, 각 버전의 장점을 취합해 최종 원고를 완성하는 방식이다. 예를 들어, '지속가능 패션 시장 동향'을 분석 중심 톤, 스토리텔링 중심 톤, 데이터 · 통계 중심 톤으로 각각 작성한 뒤 병합하면, 구체성과 흥미를 동시에 갖춘 콘텐츠를 만들 수 있다. 이 방법은 한 주제를 다각도로 다뤄야 하는 보고서, 기획안, 브랜딩 콘텐츠에 특히 유용하다.

다른 AI 툴로 교차 편집(Cross-Editing)

AI마다 학습 데이터와 언어 생성 방식이 달라, 동일한 원고라도 수정 방향이 다르게 나타난다. 이를 활용해 한 AI가 작성한 초안을 다른 AI에 전달해 편집 · 개선을 맡기는 것이 교차 편집이다. 예를 들어, 챗지피티에서 초안을 만들고 클로드로 논리 전개와 문장 연결을 다듬은 뒤, 그래머리(Grammarly)로 어휘와 문법을 정리하는 식이다. 이렇게 하면 각 툴의 강점을 결합해 단일 AI로는 얻기 어려운 완성도를 확보할 수 있다.

전문화 AI 활용(Specialized AI Tools)
범용 AI가 모든 분야에서 동일하게 뛰어난 성과를 내는 것은 아니다. 특정 목적이나 산업에 특화된 AI를 활용하면 해당 분야의 전문 용어, 트렌드, 서술 방식이 자연스럽게 반영된 결과물을 얻을 수 있다. 예를 들어, 마케팅 카피에는 재스퍼 AI나 카피.ai(Copy.ai), 창의적 글쓰기에는 클로드나 수더라이트(Sudowrite), 학술 논문 작성에는 퍼플렉시티(Perplexity) 같은 툴이 적합하다. 활용 방법은 범용 AI로 아이디어와 구조를 설계한 뒤, 전문화 AI에 핵심 내용을 전달해 재작성하게 하는 것이다. 이를 통해 속도 · 정확성 · 전문성을 모두 충족시킬 수 있다.

다만, AI가 만들어 낸 결과물이 항상 맥락과 의도를 완벽히 반영하는 것은 아니므로, 사람의 세밀한 검토와 수정이 반드시 뒤따라야 한다. AI가 속도와 효율을 제공하는 동안, 인간은 그 결과물이 브랜드 정체성과 목적에 맞게 다듬어지도록 책임져야 한다. 이러한 협업 구조가 유지될 때 AI의 장점과 인간의 창의성이 균형을 이루며 최고의 성과를 만들어 낼 수 있다.

협업과 자동화를 통한 확장 활용

텍스트 기반 AI 툴의 활용은 단일 기능에 머물지 않는다. 다른 툴과 유기적으로 연결하면 하나의 결과물이 다음 작업으로 자연스럽게 이어지는 환경을 만들 수 있다. 예를 들어, 챗지피티에서 작성한 블로그 초안을 구글 독스(Google Docs)로 자동 저장한 뒤, 그래머리 확장 프로그램으로 문법과 어휘를 보정하고, 이를 노션 프로젝트 페이지와 연동해 팀 전체가 실시간으로 확인하도록 하는 식이다. 이어서 트렐로(Trello)나 아사나(Asana) 같은 프로젝트 관리 툴과 연결하면, 해당 콘텐츠를 담당자에게 자동 할당하고 마감 기한과 체크리스트까지 함께 생성할 수 있다. 이렇게 여러 도구가 하나의 흐름 속에서 작동하면 아이디어 구상에서 배포 준비까지의 과정이 훨씬 간결해진다.

이러한 툴 간의 연결은 회사에서 반복적으로 수행해야 하는 업무를 자동화 시스템으로 세팅할 수도 있다. 반복적인 자료 정리, 보고서 생성, 게시 예약 같은 작업은 사람이 직접 개입하지 않아도 순차적으로 진행될 수 있다. 예를 들어, 회의 영상을 줌(Zoom)이나 구글 미트(Google Meet)에서 클라우드로 업로드하면 오터.ai(Otter.ai)나 파이어플라이즈(Fireflies) 같은 전사(轉寫) AI가 대화를 텍스트로 변환한다. 변환된 내용을 챗지피티에 입력해 주요 논점을 요약하게 하고, 정리된 문서를 구글 드라이브(Google Drive)에 자동 저장한다. 이후 자피어(Zapier)를 이용해 이 파일을 팀 채팅방인 슬랙(Slack), 마이크로소프트 팀즈(Microsoft Teams) 등에 자동 공유하면, 회의가 끝난 지 몇 분 만에 모든 팀원이 회의록을 받아볼 수 있다. 여기에 버퍼(Buffer)나 후트스위트(Hootsuite) 같은 SNS 관리 툴을 연결하면 완성된 콘텐츠를 예약 발행까지 이어갈 수 있다.

무엇보다 이러한 환경은 사람과의 협업 방식 자체를 변화시킨다. AI가 초안을 제시하면 팀원들이 각자의 역할에 맞춰 이를 검토·보완하면서 결과물의 완성도를 높인다. 한 명은 챗지피티가 작성한 보고서의 수치와 근거를 확인하고, 다른 한 명은 문장의 흐름과 표현을 다듬으며, 또 다른 팀원은 타깃 독자에 맞춘 어투와 구성을 수정한다. 이 과정은 구글 독스의 공동 편집 기능이나 노션의 댓글 기능을 통해 실시간으로 진행할 수 있어, 수정 이력이 자동 저장되고 의견 반영 속도도 빨라진다. 이렇게 사람과 AI가 분업 구조를 이루면 단일 작성보다 더 빠르고 안정적인 품질을 확보할 수 있다. 결국 AI는 개인의 보조 도구를 넘어, 조직 전체가 하나의 창작 네트워크로 움직일 수 있도록 돕는 연결 고리이자 촉매가 된다.

참고문헌

민지영·정병국(2023). "디자인교육에서 ChatGPT와 Midjourney의 효과성 연구 – 스토리 일러스트레이션의 창작물을 중심으로". 《브랜드디자인학연구》, 21(3), 347~358쪽.

박혜림·이의연(2025). "AI 피드백을 활용한 디지털 글쓰기 프로그램의 효과 분석". 《사물인터넷학회포럼》, 11(2), 15~22쪽.

03
이미지 생성 AI 툴

불과 몇 년 전만 해도 인공지능이 만든 이미지는 어색한 실험작에 불과했지만, 이제는 디자인 현장의 중심에 서 있다. 미드저니, 달리, 스테이블 디퓨전, 포토샵 AI 같은 도구들은 단순히 그림을 빠르게 만들어 내는 수단을 넘어, 창작의 출발점과 사고의 발전을 함께 한다. 인간의 상상력은 여전히 창작의 원천이지만, 이제 그 상상력이 AI와 결합할 때 더 넓고 깊은 차원으로 확장된다. 이미지 생성 AI는 결국 인간의 창작을 위협하는 존재가 아니라, 창작의 지평을 확장시키는 동반자다.

인공지능과 편향?

이미지 생성 AI의 원리와 진화

이미지 생성 AI는 사용자가 입력한 텍스트 문장을 해석해 그에 맞는 이미지로 만들어 내는 기술이다. 이 기술은 '텍스트와 이미지를 함께 이해하는 AI 모델'과 '이미지를 구체화하는 AI 모델'이라는 두 가지 핵심 구조로 이루어진다. 텍스트와 이미지를 함께 이해하는 대표적인 모델은 오픈 AI(OpenAI)에서 개발한 멀티모달 CLIP 모델이다. CLIP은 쉽게 말해 '문장과 그림의 짝 맞추기'를 반복해서 배우는 기술이다. 예를 들어, "바닷가에 있는 빨간 파라솔"이라는 문장을 보여주고 여러 장의 사진 중 가장 잘 어울리는 이미지를 고르는 과정을 계속 학습한다. 이런 훈련을 거치면서 AI는 단어와 이미지 속 요소가 어떤 관계를 가지는지 점점 더 정확히 파악하게 된다.

이미지를 구체화하는 방법으로는 주로 확산 모델(Diffusion Model)이 쓰인다. 확산 모델은 대략적인 스케치에서 시작해 점차 디테일을 더해 가는 과정과 비슷하다. 처음에는 흐릿하고 형태만 어렴풋이 보이는 밑그림을 그리고, 그 위에 색과 질감을 채우고, 마지막에는 세부 묘사까지 넣어 완성하는 것이다. 이 과정을 컴퓨터가 수백 번 반복하면서, 처음에는 추상적인 점과 색 덩어리였던 화면이 점점 선명하고 자연스러운 이미지로 변해 간다.

2021년 전후까지만 해도 생성된 이미지는 구체화 수준이 낮아 흐릿하고, 세부 묘사가 어색한 경우가 많았다. 그러나 2022년 중반, 미드저니, 달리, 스테이블 디퓨전 같은 툴이 공개되면서 상황이 달라졌다. 단순한 정물 사진뿐 아니라 인물, 건축, 패션, 콘셉트 아트 등 전문 영역의 시각 스타일도 상당히 정교하게 재현할 수 있게 되었고, 2023년 이후에는 사실성과 창의성을 모두 갖춘 이미지를 만드는 수준에 도달했다. 이제는 AI가 만든 이미지와 사람이 만든 이미지를 구분하기 어려운 경우도 많다.

디자이너 입장에서 주목해야 할 점은, 이미지 생성 AI가 단순히 완성 이미지를 빨리 만드는 도구를 넘어 아이데이션과 콘셉트 시각화의 방식 자체를 바꾸고 있다는 것이다. 과거에는 새로운 비주얼 콘셉트를 제시하려면 스케치, 시안 제작, 보정, 프레젠테이션을 거쳐야 했지만, 이제는 프롬프트 몇 줄로 수십 가지 이미지 시안을 즉시 확보할 수 있다. 이를 통해 디자인 초기 단계에서 훨씬 폭넓은 실험과 비교 검토가 가능해졌고, 클라이언트와의 커뮤니케이션 속도도 크게 향상됐다.

물론 한계도 있다. AI는 주어진 프롬프트와 대중적인 학습 데이터 범위 안에서만 결과를 만들기 때문에, 브랜드 고유의 감성이나 프로젝트의 미묘한 맥락을 완벽히 반영하기는 어렵다. 또 이미지의 저작권 문제나 데이터 편향 이슈는 여전히 해결해야 할 과제다. 따라서 디자이너는 AI를 최종 산출물의 완성 도구로 보기보다, 창작 과정의 파트너이자 실험 도구로 인식하는 것이 바람직하다.

주요 이미지 생성 AI 툴 비교

Fortune Business Insights의 보고서에 따르면, 글로벌 이미지 생성 AI 시장 규모는 2024년 약 2억 9929만 달러로 추정되며, 2030년에는 약 9억 1748만 달러로 확대될 전망이다. 이는 연평균 17.4%라는 높은 성장률로, 단순한 기술 유행을 넘어 실무와 산업 전반에 깊숙이 자리 잡을 가능성을 보여준다(Fortune Business Insights, 2025). 이 같은 성장세의 배경에는 생성 품질의 비약적인 향상과 꾸준한 사용량 확대가 있다. 대표적으로 OpenAI의 DALL · E 2는 출시 이후 하루 평균 약 3400만 장의 이미지가 생성되고 있으며, 2022~2023년 동안 누적 150억 장 이상의 이미지가 제작됐다. 이 수치는 이미지 생성 AI가 더 이상 실험적인 기술이 아니라, 실제 콘텐츠 제작 현장에서 주력 도구로 자리 잡았음을 방증한다. 수백 개의 이미지 생성 툴이 경쟁하는 시장에서 특히 디자이너가 가장 많이 사용하는 대표 툴을 아래에 설명한다.

미드저니(Midjourney)

미드저니를 쓰다 보면 마치 감각 좋은 아티스트 한 명을 팀에 영입한 듯한 기분이 든다. 디스코드 채팅창에 프롬프트만 입력하면, 그 짧은 글 몇 줄이 금세 회화적인 이미지로 바뀐다. 강렬한 색채와 초현실적 표현으로 창의적인 이미지를 생성하기 때문에, 예술 디자인 분야에서 적극 활용된다(사정 · 정지연, 2024).

특히 재미있는 건 '변주(Variation)' 기능이다. 마음에 드는 이미지를 하나 뽑아놓고, 그걸 살짝만 바꿔서 새로운 버전을 계속 만들어 낼 수 있다. 예를 들어, "한 여름의 바닷가" 이미지를 만들었는데 전반적인 구도와 분위기는 마음에 드는데, 파도의 색이나 하늘의 구름 양을 조정하고 싶을 때가 있다. 이럴 땐 변주 기능을 쓰면, 원본의 장점을 살린 채 다른 시도를 빠르게 볼 수 있다. 덕분에 아이데이션 단계에서 다양한 선택지를 짧은 시간 안에 확보할 수 있고, 클라이언트에게도 여러 옵션을 보여줄 수 있다. 다만, 아주 세밀한 수정은 아직 어렵다는 한계가 있어, 구체적인 디테일은 다른 그래픽툴과 병행하는 게 좋다.

달리(DALL · E)

달리는 미드저니보다 실용성에 중점을 둔 도구다. 한번 정해진 콘셉트를 일관되게 잘 유지하는 성실한 직원 같은 역할을 한다. 우선 다른 이미지 생성 AI 툴과 같이 사용자가 간단한 프롬프트를 입력하는 것만으로도 실무적으로 안정적이고 일관된 품질의 이미지를 생성한다. 특히 주목할 만한 기능은 '인페인팅(Inpainting)'과 '아웃페인팅(Outpainting)'이다. 인페인팅은 이미지의 일부 영역을 제거하고 원하는 요소로 대체하는 기능이며, 아웃페인팅은 기존 이미지의 경계를 넘어 장면을 확장하는 기능이다.

예를 들어 제품 사진을 촬영했는데, 배경 색을 바꾸고 싶거나 일부 장식품을 삭제하고 싶을 수 있다. 이때 달리를 활용하면 원하는 대로 배경 이미지를 수정할 수 있다. 또는 4:3의 비율로 찍은 사진을 16:9 화면에 넣기 위해 더 넓은 배경이 필요할 때도 있다. 이 경우 아웃페인팅으로 원본 밖의 배경을 자연스럽게 생성해준다. 이렇게 원본 이미지를 다양한 형태로 재가공하는 과정에 효율적이다. 다만 미드저니와 같은 독특한 예술적 스타일 구현에는 한계가 있다. 대신 "일관되고 안정적인 결과를 신속하게" 얻어야 하는 실무 환경에서 특히 유용하다.

스테이블 디퓨전(Stable Diffusion)

스테이블 디퓨전은 조금 성격이 다르다. 오픈소스 기반이라, 마치 맞춤형 작업실을 통째로 받은 것 같다. 원하는 스타일, 색감, 캐릭터 등 세세한 조건을 반영한 커스텀 모델을 직접 만들거나 다운로드해서 사용할 수 있다. 특정 브랜드의 시각 톤을 그대로 유지하여 이미지를 빠르고 반복적으로 대량 만들 수 있기 때문에, 장기 프로젝트나 캠페인에 특히 유용하다. 물론 이만큼의 자유에는 대가가 따른다. 설치와 환경 설정이 쉽지 않고, 고성능 GPU가 필요하다. 하지만 한 번 세팅해 놓으면, 원하는 이미지를 거의 무한에 가깝게 변형하고 재생산할 수 있다. 특히 로라(LoRA) 모델 같은 확장 기능을 쓰면, 같은 인물이나 사물을 여러 장면에 반복 등장시키는 것도 가능하다. 이런 점에서 스테이블 디퓨전은 '내 손에 완전히 맞는 작업 환경'을 만들고 싶은 디자이너에게 매력적인 선택이다.

포토샵 AI(Photoshop AI, Adobe Firefly **기반**)

포토샵은 기존 디자이너에게 친숙한 도구였지만, 최근에는 '어도비 파이어플라이(Adobe Firefly)'라는 이미지 생성 AI를 품으면서 한 단계 더 진화했다. 가장 큰 장점은 기존처럼 포토샵으로 작업을 하면서 작업 흐름에 맞게 곧바로 AI 기능을 활용할 수 있다는 점이다. 새로운 툴을 배우지 않아도 포토샵 안에서 곧바로 이미지 생성, 편집, 확장이 가능하다는 점에서 실무자들이 접근하기에 용이하다.

대표적인 기능은 'Generative Fill(생성형 채우기)'이다. 사용자가 특정 영역을 선택한 뒤 간단히 텍스트 프롬프트를 입력하면, 그 자리에 원하는 이미지를 자연스럽게 합성해준다. 예를 들어, 인물 사진에서 옷의 색을 바꾸거나, 배경에 나무를 추가하는 등의 수정이 단 몇 초 만에 끝난다. 이 기능은 단순히 이미지를 수정하는 데 그치지 않고, 원본과 거의 구분이 어려울 정도로 자연스럽게 어울린다.

또 다른 기능으로 'Generative Expand(생성형 확장)'이다. 기존 사진의 프레임을 넓혀서 새로운 공간을 자동으로 채워 넣는 기능인데, 앞서 설명한 달리의 아웃페인팅과 유사하다. 하지만 포토샵의 장점은 생성된 이미지를 바로 레이어 단위로 조정하거나, 다른 그래픽 요소와 합성할 수 있다는 점이다. 즉, 생성된 결과물이 곧바로 포토샵의 풍부한 편집 기능과 연결되기 때문에 후처리 과정에서 훨씬 정밀한 컨트롤이 가능하다.

물론, 아직까지는 '독창적이고 회화적인 스타일'을 구현하는 데는 미드저니나 스테이블 디퓨전에 비해 다소 제한적일 수 있다. 그러나 실무 디자인 워크플로와 가장 긴밀하게 결합된 AI라는 점에서, '새로운 툴을 추가로 배우지 않아도 되는' 장점이 크다. 특히 광고, 마케팅, 제품 이미지 편집처럼 '빠른 수정과 안정적인 결과'가 중요한 영역에서 포토샵 AI는 점점 더 표준 도구로 자리 잡아가고 있다.

이미지 프롬프트 작성법과 사례

이미지 생성 AI를 제대로 활용하려면 가장 먼저 프롬프트를 잘 다루는 법부터 익혀야 한다. 프롬프트란 쉽게 말해, AI에게 어떤 이미지를 만들어 달라고 요청하는 문장이다. 디자이너 입장에서 보면 촬영 지시서나 일러스트 제작 의뢰서와 비슷하다. 같은 주제를 던져 줘도 프롬프트를 어떻게 쓰느냐에 따라 결과물은 완전히 달라진다. 예를 들어, "밤하늘의 도서관"이라고만 입력하면 AI는 비교적 단순하고 모호한 이미지를 만들 가능성이 크다. 하지만 여기에 '천장이 유리 돔으로 되어 별빛이 쏟아지는 장면', '아트 데코 스타일', '8K 해상도, 16:9 비율' 같은 세부 조건을 덧붙이면, 공간 구조나 조명 분위기, 건축 양식까지 반영된 훨씬 풍부한 결과물을 얻을 수 있다. 결국 AI는 우리가 전달하는 단어와 문장에서 단서를 찾아 이미지를 구성하기 때문에, 원하는 그림을 정확히 그려 주려면 그만큼 명확하고 구체적으로 지시해야 한다.

이미지 생성을 위해 프롬프트를 쓸 때는 주제만 적는 것보다, 스타일과 분위기를 함께 넣는 것이 좋다. 같은 '별빛이 가득 비치는 유리 돔 도서관'이라는 주제라도, '몽환적인 분위기, 파스텔 톤, 수채화 스타일'로 요청하면 부드럽고 따뜻한 그림이 나오고, '사이버펑크 스타일, 네온 조명, 어두운 톤'으로 요청하면 전혀 다른 느낌의 이미지가 생성된다. 이렇게 하나의 주제를 여러 스타일로 변형해 시도하는 것을 변주(Variation)라고 하는데, 이는 시안을 여러 버전으로 만들어야 하는 상황에서 유용하다. 다양한 변주를 통해 의도치 않게 더 좋은 아이디어가 발견되기도 한다.

또한 이미지 속 요소들의 우선순위를 명확히 하여 꼭 들어가야 하는 디테일과 제외 조건을 명확히 하는 것이다. 예를 들어, '사람이 없는 실내', '책이 가득 꽂힌 나무 책장', '바닥에 반사되는 별빛'처럼 반드시 들어가야 하는 요소를 지정하면 AI가 이를 반영해 이미지를 만든다. 반대로 'no text', 'no watermark'처럼 원하지 않는 요소를 제외 조건으로 입력하면 불필요한 결과물을 걸러낼 수 있다.

그런데 위와 같이 구체적으로 프롬프트를 입력하는 것이 말처럼 쉽지 않을 수 있다. 원하는 이미지가 머릿속에 바로 떠오르지 않을 수 있기 때문이다. 특히 초보 디자이너라면 막연한 아이디어만 가지고 구체적인 프롬프트를 작성하는 것이 쉽지 않다. 이럴 때는 억지로 한 번에 완성된 프롬프트를 만들려고 하기보다, 단계적으로 사고를 정리하는 습관을 들이는 것이 좋다.

첫째 방법은 '프롬프트를 위한 프롬프트'를 작성하는 것이다. 예를 들어, "이런 주제를 AI가 이해할 수 있는 이미지 프롬프트로 변환해 달라"라는 지시를 ChatGPT 같은 언어 모델에 입력하면, 자동으로 구조화된 문장을 얻을 수 있다. 이렇게 하면 주제, 스타일, 분위기, 세부 요소가 빠짐없이 포함된 초안 프롬프트를 쉽게 확보할 수 있다.

둘째는 체크리스트 방식이다. 머릿속에서 하나씩 빠짐없이 짚어가는 것이다. 아래처럼 질문을 던지듯 순서대로 채워나가면, 처음에는 막막했던 아이디어가 점차 구체적인 문장으로 정리된다.

주제: 무엇을 그릴 것인가?

스타일: 회화, 사진, 3D 중 어떤 표현인가?

분위기: 밝은지, 몽환적인지, 혹은 미래적인지?

기술 조건: 해상도, 비율, 카메라 렌즈 효과 등은 어떻게 설

정할 것인가?

제외 조건: 반드시 들어가면 안 되는 요소는 무엇인가?

마지막으로는 메타 프롬프트(meta-prompt) 활용이다. 한 번 성공적으로 원하는 이미지를 얻은 프롬프트가 있다면, 이를 기록해 두었다가 다른 프로젝트에 맞게 일부만 수정해 사용하는 방식이다. 이렇게 하면 매번 새로 고생할 필요 없이 점점 자신만의 '프롬프트 자산'을 구축할 수 있다.

결국 프롬프트 작성은 단순한 문장 입력이 아니라, 머릿속 이미지를 AI가 이해할 수 있는 언어로 번역하는 과정이다. 초보자일수록 이 과정을 작은 단계로 나눠 접근하면 훨씬 수월해지고, 원하는 이미지를 얻는 성공률도 높아진다.

한계와 윤리적 고려 사항

이미지 생성 AI는 분명 디자이너의 작업 방식을 크게 바꾸어 놓았다. 예전에는 콘셉트 시안을 제작하는 데 며칠씩 걸리던 작업이 몇 시간, 심지어 몇 분 만에 끝나기도 한다. 덕분에 새로운 아이디어를 실험할 기회가 늘어나고, 제작비 부담도 줄어들었다. 특히 초안 제작 속도가 빨라지면서 여러 시안을 동시에 테스트하거나, 다양한 콘셉트를 클라이언트에게 제시하는 것이 가능해졌다. 그러나 이러한 장점에도 불구하고, 실제 현장에서 마주하게 되는 한계와 윤리적 과제는 분명 존재한다. 이를 인지하지 못하면, 단기적인 효율성은 얻더라도 장기적으로는 리스크에 노출될 수 있다.

가장 먼저 부딪히는 문제는 결과물의 일관성과 정확성 부족이다. 이미지 생성 AI는 방대한 학습 데이터에서 패턴을 추출해 이미지를 만들어 내지만, 우리가 원하는 디테일을 항상 정확하게 반영하지는 않는다. 예를 들어, '꽃밭을 날아가는 나비'를 요청했는데, 나비의 날개가 1개뿐이거나, 꽃과 풀밭의 비율이 현실과 맞지 않게 왜곡된 장면이 나올 수 있다. 또는 건물의 창문 구조가 비논리적으로 배치되거나, 인물 사진에서 손가락 개수가 잘못 표현되는 경우도 흔하다. 이는 AI가 '전체적인 분위기'를 잘 그려내는 반면, 아직까지는 세부 요소의 사실성을 보장하기 어려운 특성 때문이며, 결과적으로 디자이너의 후속 보정이 필수적이다.

둘째로 중요한 이슈는 저작권과 데이터 출처 문제다. 이미지 생성 AI는 수억~수십억 장의 이미지로 학습되는데, 이 데이터 세트에는 온라인에서 무단 수집된 저작

물도 포함될 수 있다. 실제로 법무법인 대륜의 김태환 변호사는 '지브리풍' 이미지 생성과 관련해 "스타일 자체는 저작권 대상이 아니지만, 생성된 결과물이 원작과 지나치게 유사하다면 원작자의 권리를 침해할 수 있다"고 설명했다(윤미자, 2025). 이 사례는 단순히 법적 위험을 경계하는 수준을 넘어, 디자이너로서 창작 윤리를 어떻게 설정하고 지킬 것인가의 문제를 보여준다. AI가 만들어 낸 이미지가 기술적으로 가능한 수준이라 하더라도, 그것이 원작자의 권리와 창작 의도를 훼손할 소지가 있다면 사용을 재고해야 한다.

셋째는 편향(Bias) 문제다. AI는 학습한 데이터의 편향을 그대로 반영하기 때문에, 특정 단어 입력 시 왜곡된 결과가 나올 수 있다. 예를 들어, 'CEO'를 입력했을 때 중년 남성 이미지가 압도적으로 생성되거나, '아름다운 사람'이라는 프롬프트에서 특정 인종과 체형만 반복적으로 등장하는 식이다. 이는 디자이너의 의도와 무관하게 사회적 편견을 강화할 위험이 있다. 따라서 작업 과정에서 다양한 인종, 성별, 연령을 포함하는 조건을 명시하거나, 생성 결과에서 편향된 이미지를 의도적으로 배제하는 노력이 필요하다.

마지막으로 간과하기 쉬운 부분이 윤리적 사용 범위

다. AI 이미지는 가짜 뉴스, 조작 사진, 허위 광고 등 사회적으로 해로운 콘텐츠에 악용될 수 있다. 예를 들어, 존재하지 않는 사건의 현장을 '사실처럼' 재현하거나, 특정 인물의 이미지를 왜곡해 명예를 훼손하는 등의 사례가 이미 보고되고 있다. 특히 보도, 의료, 정치 분야처럼 신뢰성이 핵심인 환경에서는 생성 이미지임을 명확히 밝히고, 사실과 창작물의 경계를 혼동하지 않도록 주석이나 라벨을 붙이는 투명성이 필수적이다.

이러한 문제들을 관리하기 위해 디자이너는 AI가 만든 초안을 그대로 쓰는 사람이 아니라, 선별하고 다듬는 사람이 되어야 한다. 후속 보정은 단순히 오류를 수정하는 차원을 넘어, 결과물이 브랜드 가치, 프로젝트 목표, 사회적 맥락에 부합하는지를 종합적으로 검증하는 과정이다. 또한 디자이너는 기술적 가능성과 법적 허용 범위를 넘어, '내가 만든 결과물이 사회적으로 어떤 메시지를 줄 것인가'라는 질문을 스스로 던져야 한다.

참고문헌

달리. https://openai.com/dall-e

미드저니. https://www.midjourney.com

사정·정지연(2024). "이미지 개발을 위한 생성형 AI 활용에 관한 연구". 《상품문화디자인학연구》, 79, 173~187쪽.

스테이블 디퓨전. https://stability.ai/stable-diffusion
유훈식(2024). "Midjourney, UXUI 디자이너에게 필수가 되다". 브런치. https://brunch.co.kr/@ghidesigner/182
윤미자(2025.4.16). "'지브리풍'으로 그려줘 !… '챗GPT'가 쏘아올린 AI저작권 논란". 핸드메이커. https://www.handmk.com/news/articleView.html?idxno=29621
포토샵 AI. https://www.adobe.com/kr/products/photoshop/ai

04
영상 및 모션 디자인 툴

테이프에서 편집 툴을 거쳐 AI로 이어진 영상 디자인의 변화는, '어떻게 자를 것인가'의 기술을 넘어 '무엇을 경험하게 할 것인가'라는 질문으로 무대를 옮겨 놓았다. 누구나 만들 수 있게 된 지금, 영상 제작의 경쟁력은 속도가 아니라 메시지의 밀도와 맥락을 설계하는 힘에서 나온다. 결국 영상 편집의 진화는 도구의 진보를 넘어 디자이너의 문제 정의와 감각을 증폭시키는 새로운 패러다임의 탄생이다.

청각장애인과 AI?

영상 편집 툴의 진화

1990년대 이전의 영상 편집은 주로 테이프 기반의 선형 방식이었다. 이 방식은 장면을 순서대로 편집해야 하며, 중간을 수정할 경우 전체 과정을 다시 진행해야 하는 비효율이 있었다. 1990년대 초중반, 아비드 미디어 컴포저(Avid Media Composer)와 같은 비선형 편집(Non-Linear Editing, NLE) 시스템이 등장하면서 이러한 제약이 크게 완화되었다. 디지털 파일 기반의 NLE 환경은 원하는 장면을 자유롭게 불러오고 재배열할 수 있게 하였으며, '되돌리기'와 '다중 버전 관리'가 가능해져 창작 실험의 폭을 넓혔다. 이후 2000년대에는 컴퓨터 성능 향상과 저장 장치 확대로 어도비 프리미어(Adobe Premiere), 파이널 컷 프로(Final Cut Pro) 등 상용 툴이 보급되었고, 2010년대에는 유튜브와 SNS의 성장에 맞춰 짧은 주기의 편집, 세로형 영상, 플랫폼별 최적화 기능이 강화되었다. 2020년대에는 AI 기술이 본격적으로 편집 환경에 통합되어, 장면 자동 분할, 배경 제거, 자동 자막, 오디오 정리 등 반복 작업을 자동화하는 기능이 보편화되었다.

현대의 대표적인 편집 툴로는 어도비 프리미어 프로(Adobe Premiere Pro), 파이널 컷 프로, 다빈치 리졸브(DaVinci Resolve), 캡컷(CapCut) 등이 있다. 프리미어 프로는 어도비 크리에이티브 클라우드(Adobe Creative Cloud)와의 연동성이 특징이며, 애프터 이펙트(After Effects), 포토샵과의 호환을 통해 그래픽 · 모션 · 편집 작업을 하나의 흐름으로 연결할 수 있다. 루메트리 컬러(Lumetri Color)를 활용한 색 보정 기능과 다양한 플러그인은 전문 상업 영상 제작에 적합하다. 파이널 컷 프로는 macOS 환경에 최적화되어 있으며, 직관적인 타임라인을 통해 쉬운 편집과 빠른 렌더링 속도를 지원한다. 다빈치 리졸브는 색 보정 중심의 툴에서 시작해 편집, 오디오, 비주얼 이펙트를 통합한 올인원 환경으로 발전하였으며, 무료 버전에서도 고급 기능을 제공한다. 캡컷은 쇼트폼 콘텐츠에 최적화된 툴로, AI 기반 배경 제거, 자동 자막, 템플릿 기능이 강점이며 SNS 플랫폼과의 연동성이 뛰어나다.

이러한 툴의 발전은 AI 시대를 맞아 장면 자동 분할, 자막 자동 생성, 배경 제거 같은 AI 기능과, 여러 사용자가 동시에 접속해 파일을 공유 · 편집할 수 있는 클라우드 기술로 더욱 확대되고 있다. 예를 들어, 프리미어 프로의 스피치 투 텍스트(Speech-to-Text)는 음성을 자동으로 인식해 자막으로 변환해주며, 다빈치 리졸브의 매직 마스크(Magic Mask)는 영상 속 특정 인물이나 사물을 자동으로 인식해 선택 영역을 빠르게 지정할 수 있다. 파이널 컷 프로의 스마트 크롭(Smart Crop)은 영상 속 주요 피사체를 자동으로 찾아내 적절한 구도로 잘라내기 때문에, 다양한 화면 비율과 플랫폼에 맞는 편집을 손쉽게 지원한다. 이러한 기능들은 작업 효율을 크게 높이며, 장소와 기기에 구애받지 않는 실시간 협업 환경을 제공한다.

영상 편집 툴의 진화는 단순한 기능 확장을 넘어 영상 제작의 대중화를 이끌었다. 실제로 국내 기사에서도 "이제는 AI 기반 편집 도구를 통해 초보자도 전문가 수준의 작업을 손쉽게 수행할 수 있다"는 평가가 나올 정도다(유양석, 2025). 과거에는 고가 장비와 전문 인력이 필수였던 작업이 이제는 누구나 손쉽게 다룰 수 있는 환경으로 변모하면서, 기술적 격차보다 어떤 메시지를 담아내고 어떻게 브랜드 경험을 설계할 것인가가 더 중요한 경쟁 요소로 자리 잡았다. 특히 영상이 브랜드와 소비자를 직접 연결하는 핵심 매개체가 된 오늘날에는 단순한 편집 기술보다 SNS 트렌드를 이해하고 플랫폼별 특성을 고려한 기획 역량이 더욱 강조된다. 짧고 빠른 쇼트폼 콘텐츠, 세로형 화면, 다양한 디스플레이 해상도에 맞는 비율과 속도, 그리고 상황에 맞는 콘셉트와 연출을 어떻게 기획할지 등 영상과 미디어, 마케팅에 대한 종합적인 안목이 필요하다.

모션 그래픽 툴의 진화

모션 그래픽은 영상과 같은 '움직이는 시각 콘텐츠'이지만, 구성 요소와 목적에서 차이가 있다. 일반적인 영상이 촬영된 실사 화면을 중심으로 스토리를 전달한다면, 모션 그래픽은 그래픽 요소, 텍스트, 도형, 일러스트레이션, 데이터 시각화 등을 움직임으로 표현하여 메시지를 전달하는 형식이다. 즉, 영상이 주로 현실 세계를 기록하거나 재현하는 데 중점을 둔다면, 모션 그래픽은 시각 디자인 요소에 시간을 부여하여 정보, 감정, 분위기를 창의적으로 구현하는 방식이다. 이러한 특성 덕분에 복잡한 정보를 직관적으로 설명하거나, 브랜드 아이덴티티를 강화하고, 디지털 인터페이스의 경험을 개선하는 데 효과적으로 활용된다.

1990년대와 2000년대 초반까지의 모션 그래픽은 주로 방송 타이틀 시퀀스나 광고 영상에서 화려한 시각 효과를 덧입히는 용도로 쓰였다. 예를 들어 TV 뉴스의 오프닝이나 스포츠 중계 화면에 등장하는 그래픽 패키지는 모두 이 시기의 대표적인 모션 그래픽 상징물이었다.

당시에는 고가의 그래픽 워크스테이션과 전문 소프트웨어가 필요했기 때문에, 방송국이나 대형 광고 제작사와 같이 자본과 인력이 충분한 조직만이 모션 그래픽을 다룰 수 있었다. 개인 디자이너나 소규모 스튜디오가 접근하기에는 장벽이 높았던 것이다.

그러나 2000년대 중후반부터 상황이 달라지기 시작했다. 컴퓨터 하드웨어 성능이 비약적으로 발전하고, 소프트웨어 가격이 점차 낮아지면서 개인 디자이너도 모션 그래픽을 시도할 수 있는 환경이 마련되었다. 애프터이펙트와 같은 툴은 비교적 저렴한 가격에 제공되었고, 인터넷을 통한 튜토리얼과 학습 자료가 빠르게 확산되면서 진입 장벽이 낮아졌다. 특히 'DIY 모션 그래픽' 문화가 형성되며, 방송사 외부에서도 인디 영화, 뮤직비디오, 기업 홍보 영상 등 다양한 분야에서 모션 그래픽이 활용되기 시작했다.

2010년대에 들어서면서 유튜브, 페이스북, 인스타그램 등 소셜 미디어 플랫폼이 급성장하자, 모션 그래픽의 수요는 폭발적으로 증가했다. 브랜드들은 짧은 시간 안에 강렬한 인상을 남길 수 있는 방법을 찾았고, 모션 그래픽은 이에 적합한 도구로 자리매김했다. 예를 들어, 15초짜리 광고 영상이나 SNS용 카드뉴스 영상에는 애니메이션 텍스트와 그래픽 요소가 빠짐없이 들어갔다. 또한 복잡한 정보를 단순하게 설명하는 인포그래픽 영상이 큰 인기를 끌었으며, 제품의 사용법이나 특징을 설명하는 제품 시연 영상에도 모션 그래픽이 널리 적용되었다. 이 시기에는 UI · UX 디자인 분야에서도 인터랙션 모션이 적극적으로 도입되었다. 버튼 클릭, 화면 전환, 알림 표시와 같은 작은 움직임이 사용자의 경험에 큰 영향을 준다는 사실이 밝혀지면서, 모션 그래픽은 단순한 장식이 아니라 사용성을 높이는 핵심 도구로 인식되기 시작했다.

이와 함께 파일 용량과 포맷의 발전도 모션 그래픽 대중화에 큰 역할을 했다. 과거에는 움직이는 그래픽의 용량이 커서 웹사이트나 모바일 서비스에서 활용하기 어려웠다. 하지만 GIF, MP4와 같은 경량 포맷이 표준으로 자리 잡고, 이후 SVG 애니메이션이나 JSON 기반의 초경량 모션 포맷이 등장하면서 상황이 크게 달라졌다. 특히 에어비앤비(Airbnb)에서 개발한 오픈소스 라이브러리 Lottie는 애프터이펙트에서 제작한 애니메이션을 JSON 포맷으로 변환해 코드 몇 줄만으로 앱과 웹에 적용할 수 있도록 해주었다. 이 기술 덕분에 버튼 애니메이션, 로딩 화면, 브랜드 아이덴티티를 담은 인터랙션 등 세밀한 사용자 경험 요소까지 모션 그래픽을 가볍고 빠르게 구현할 수 있게 되었고, 모션 그래픽은 디지털 서비스 전반에 폭넓게 적용될 수 있었다.

최근에는 그 활용 범위가 더욱 넓어져, 거의 모든 디지털 커뮤니케이션 영역에서 모션 그래픽이 활용되고 있다. 모바일 앱과 웹사이트 인터페이스에서는 브랜드 아이덴티티를 드러내는 애니메이션이 기본처럼 적용되고 있으며, 전시 · 공연 무대에서는 대형 프로젝션과 모션 그래픽을 결합한 몰입형 콘텐츠가 관객의 경험을 강화한다. 교육 콘텐츠에서도 복잡한 개념이나 데이터를 설명할 때 모션 그래픽은 효과적인 도구가 된다. 예를 들어, 과학 개념을 설명하는 온라인 강의나 기업의 연간 보고서 영상은 텍스트와 도표를 단순히 보여주는 대신, 움직임을 활용해 정보의 흐름을 직관적으로 전달한다.

이러한 변화와 함께 모션 그래픽 제작 툴도 점차 발전하며 그 종류가 한층 다양해졌다. 애프터 이펙트는 업계 표준으로 자리 잡은 툴로, 정밀한 키 프레임 제어와 다양한 이펙트 적용을 통해 복잡한 모션과 합성 작업이 가능하다. 포토샵, 일러스트레이터(Illustrator)와의 연동성이 뛰어나 디자인 요소를 그대로 불러와 활용할 수 있으며, 플러그인 생태계가 매우 풍부하여 파티클 효과나 카메라 트래킹 등 고급 작업에 적합하다. 애플 모션(Apple Motion)은 파이널 컷 프로와 연계성이 높아 방송 타이틀이나 간단한 애니메이션 제작에 강점을 가진다. 직관적인 인터페이스와 실시간 렌더링 기능은 빠른 제작 환경을 필요로 하는 소규모 프로젝트에서 효과적이다. 캐벌리(Cavalry)는 절차적 애니메이션 제작에 특화된 차세대 모션 그래픽 툴이다. 반복적인 패턴과 대량의 그래픽 변형 작업을 자동화할 수 있어, 데이터 시각화나 브랜딩 캠페인 등 대규모 콘텐츠 제작에 효율적이다.

이러한 전통적인 모션 그래픽 툴들은 오랫동안 업계 표준으로 자리해 왔지만, 최근 AI 기술의 확산으로 새로운 도전에 직면하고 있다. 과거에는 키 프레임 제어, 배경 제거, 피사체 추적처럼 시간이 많이 소요되는 과정을 디자이너가 직접 수행해야 했으나, 이제는 AI가 이를 몇 분 만에 자동으로 처리할 수 있게 되었다. 이로 인해 애프터 이펙트의 세밀한 합성, 애플 모션의 빠른 제작, 캐벌리의 반복 자동화와 같은 기존 강점들이 점차 상대적 가치를 잃어가고 있다. 다음 절에서는 런웨이, 피카, 루마 AI(Luma AI), 신세시아와 같은 AI 기반 영상 · 모션 제작 툴을 살펴보고, 각 툴이 제공하는 새로운 가능성을 구체적으로 알아보고자 한다.

AI 기반 영상·모션 제작 툴

전통적인 모션 그래픽 툴들은 방송, 광고, 영화 후반 작업 등에서 오랫동안 핵심 역할을 담당해 왔다. 그러나 최근 몇 년간 영상 소비 패턴이 급격히 바뀌면서 상황이 달라졌다. 긴 호흡의 광고나 영화보다 짧고 즉각적인 쇼트폼 콘텐츠가 주요 무대로 떠오른 것이다. 불과 몇 초 안에 메시지를 전달해야 하는 환경에서, 수많은 키 프레임을 일일이 잡아야 하는 전통 툴의 방식은 제작 속도와 비용 측면에서 부담으로 작용하기 시작했다.

여기에 AI 기술이 등장하면서 균열은 더 커졌다. AI는 단순히 시간을 줄이는 수준을 넘어, 기획 · 제작 · 유통 전 과정에 개입하고 있다. 예를 들어 브랜드 캠페인 영상의 경우, 과거에는 스토리보드를 그리고, 콘셉트 영상을 만들고, 후반 작업을 거쳐야 했지만 이제는 AI 툴을 이용해 며칠 만에 다양한 콘셉트 시안을 만들어 낼 수 있다. 이는 클라이언트와의 의사 결정 구조를 단축시키고, '완성도 있는 한 편의 영상'보다 '빠르게 만들어 실험하는 여러 편의 영상'이 더 중요한 전략으로 자리 잡게 만들었다.

결국 애프터 이팩트나 모션 같은 전통 툴은 여전히 정밀한 합성과 완성도를 위해 필요하지만, 초기 단계에서의 속도와 다양성 경쟁에서는 AI 기반 툴들이 점점 더 큰 영향력을 발휘하고 있다. 따라서 모션 그래픽 툴의 중심축은 "후반 작업 중심"에서 "아이디어 탐색과 빠른 시각화 중심"으로 옮겨가고 있다고 할 수 있다. 런웨이, 피카, 루마 AI, 신세시아와 같은 툴들은 각각 다른 방식으로 영상과 모션 디자인의 패러다임을 바꾸고 있으며, 구체적인 특징은 다음과 같다.

런웨이는 텍스트 프롬프트나 이미지 입력을 통해 새로운 장면을 생성하거나, 기존 영상을 편집・합성하는 기능을 제공한다. 사용자는 "도심 속에서 비가 내리는 장면"과 같은 간단한 문장을 입력하기만 해도 몇 초짜리 시퀀스를 얻을 수 있다. 차별점은 영상 합성 기능에 있다. 배경을 교체하거나 특정 피사체만 분리하는 작업을 비교적 자연스럽게 수행할 수 있어, 기존 촬영 영상을 보완하는 데 효과적이다. 장점은 시각적 콘셉트 테스트 속도가 매우 빠르다는 점이며, 단점은 긴 러닝 타임 영상을 제작하기에는 아직 품질이 균일하지 않고 해상도에 한계가 있다는 점이다. 따라서 런웨이는 아이디어 시각화와 콘셉트 제안용으로 적합하다.

피카는 정지 이미지를 기반으로 움직임을 부여하거나 카메라 워크를 자동 적용하는 기능에 특화된 툴이다. 예를 들어 정적인 일러스트나 제품 렌더링 이미지를 업로드하면, 피카가 이미지 속 요소를 인식해 줌인, 패닝, 회전과 같은 카메라 움직임을 적용할 수 있다. 차별점은 그래픽 기반 자산을 애니메이션으로 확장하는 능력이다. 장점은 상대적으로 짧은 시간 안에 정지 이미지를 영상으로 재가공할 수 있다는 점이며, 단점은 복잡한 장면이나 다층적 모션에서는 어색함이 발생할 수 있다는 점이다. 따라서 피카는 정적인 시각 자산을 영상화하는 브랜딩 · 마케팅 작업에 효과적이다.

루마 AI는 실제 공간이나 사물을 3D로 재현하고 카메라 움직임을 자유롭게 적용할 수 있는 기능을 제공한다. 스마트폰으로 촬영한 짧은 영상만으로도 사물이나 공간을 고해상도의 3D 모델로 변환할 수 있으며, 이를 기반으로 새로운 시점에서 영상을 제작할 수 있다. 차별점은 3D 공간 재현에 기반한 몰입형 영상 제작이다. 장점은 실제 촬영이 불가능하거나 비용이 많이 드는 공간을 디지털로 대체할 수 있다는 점이며, 단점은 정교한 텍스처 표현이나 조명 효과에서 아직은 한계가 있다는 점이다. 따라서 루마 AI는 제품 홍보, 건축 · 인테리어 시각화, AR · VR 콘텐츠 제작에서 유용하다.

신세시아는 AI 아바타와 음성 합성을 활용해 다국어 영상 콘텐츠를 제작할 수 있는 툴이다. 사용자는 텍스트를 입력하면 AI 아바타가 해당 언어로 말을 하며 프레젠테이션 형식의 영상을 생성해 준다. 차별점은 글로벌 커뮤니케이션을 지원하는 다국어 제작 능력이다. 장점은 별도의 촬영이나 성우 녹음이 필요 없다는 점이며, 단점은 아바타의 표정과 동작이 여전히 기계적이라는 점이다. 따라서 신세시아는 교육, 사내 연수, 다국어 홍보 영상 제작에 적합하다.

이처럼 각 툴은 공통적으로 제작 속도와 효율성을 높이지만, 접근 방식과 강점은 뚜렷하게 다르다. 런웨이는 창의적 콘셉트 탐색, 피카는 정지 이미지의 영상화, 루마 AI는 3D 공간 기반의 몰입감, 신세시아는 다국어 커뮤니케이션에 각각 강점을 가진다. 따라서 AI 기반 툴은 단일 솔루션이 아니라, 제작 목적에 따라 조합해 활용하는 것이 가장 효과적이다.

단점도 있다. AI 기반 영상 · 모션 제작 툴은 분명 새로운 가능성을 열어주고 있다. 하지만 그렇다고 해서 이 툴들만으로 모든 과정을 해결할 수 있는 것은 아니다. AI는 시안을 빠르게 만들고 아이디어를 다양하게 제시하는 데 강점을 가지지만, 디자이너가 의도한 대로 섬세하게 조정하거나 브랜드 아이덴티티를 정밀하게 구현하기에는 여전히 한계가 있다. 따라서 최종 결과물의 완성도를 보장하려면 전통적인 편집 툴과 모션 그래픽 툴을 함께 활용해야 한다. 결국 핵심은 AI와 전통 툴을 어떻게 연결하고 배치하느냐에 있으며, 이는 곧 통합 워크플로 설계의 문제로 이어진다.

통합 워크플로 설계

영상과 모션 그래픽 제작 과정은 하나의 툴만으로 완결되기보다는, 서로 다른 툴을 목적에 맞게 결합하여 활용할 때 가장 효율적이다. 특히 최근에는 AI 기반 툴이 초기 아이디어 발굴과 시안 제작을 빠르게 지원하고, 전통적인 영상 편집 · 모션 그래픽 툴이 완성도를 높이는 후반 작업을 담당하는 형태로 역할이 재편되고 있다. 따라서 디자이너에게 필요한 역량은 단일 툴의 숙련도를 넘어, 툴 간 흐름을 연결하는 통합 워크플로 설계 능력이다. 통합 워크플로는 크게 세 단계로 나누어 볼 수 있다.

첫째, 아이디어 발굴과 시안 제작 단계에서는 AI 기반 툴을 활용한다. 예를 들어 한 디자이너가 식음료 브랜드의 SNS 광고 영상을 의뢰받았다고 하자. 클라이언트는 "젊고 에너제틱한 브랜드 이미지"를 원하지만 구체적인 비주얼 아이디어는 없는 상황이다. 이때 디자이너는 런웨이를 활용해 "도심 속에서 친구들이 함께 에너지 드링크를 즐기는 장면"과 같은 프롬프트를 입력해 짧은 시퀀스를 생성한다. 동시에 제품 이미지를 피카에 적용해 간단한 카메라 워크를 추가한 짧은 영상으로 변환한다. 이렇게 생성된 클립들은 클라이언트에게 다양한 콘셉트 방향을 빠르게 제시할 수 있는 시안이 된다.

둘째, 디자인 요소 확정과 모션 작업 단계에서는 모션 그래픽 툴이 중심이 된다. 앞선 시안 중 클라이언트가 "제품 로고와 에너지 파동 같은 모션을 강조해 달라"는 피드백을 주었다면, 디자이너는 애프터 이펙트에서 로고에 파티클 효과를 더하고, 캐벌리를 활용해 데이터 기반의 파동 모션을 반복적으로 생성해 다채로운 배경 애니메이션을 제작한다. 이 과정은 메시지를 더욱 명확히 전달하고 브랜드 아이덴티티를 시각적으로 강화하는 단계다. 실제 실무에서 클라이언트는 최종 콘셉트가 확정되기 전까지 수차례 수정 의견을 제시하는데, 모션 그래픽 툴은 이러한 수정 작업을 정밀하게 반영할 수 있는 장점을 가진다. 특히 이 단계는 전체 영상·모션 제작 과정에서 유일하게 AI의 효율성보다 디자이너의 창의성과 세밀한 작업이 반드시 필요한 구간이다. 초반 시안 제작은 AI가 속도를 보장할 수 있지만, 확정된 아이디어를 구현하는 과정은 정밀한 의도 반영과 미적 판단이 핵심이기 때문이다. 따라서 이 단계에서는 전통적인 툴을 활용해 정석적인 프로세스로 작업을 진행하는 것이 바람직하다. 이렇게 해야만 브랜드의 정체성을 정확히 표현할 수 있고, 영상 전체의 완성도를 높일 수 있다.

셋째, 최종 편집과 배포 준비 단계에서는 영상 편집 툴이 주도적 역할을 한다. 예를 들어 프리미어 프로에서 전체 영상을 15초 버전과 30초 버전으로 각각 편집하고, 루메트리 컬러(Lumetri Color)를 활용해 톤 앤 매너를 브랜드 색상에 맞게 조정한다. 이어서 캡컷으로 짧은 쇼트폼 버전을 제작해 틱톡과 인스타그램 릴스에 최적화된 세로형 포맷으로 내보낸다. 또한 유튜브 광고용 버전은 다빈치 리졸브에서 색 보정을 강화해 고해상도 마스터 파일로 추출한다. 이처럼 하나의 프로젝트가 다양한 플랫폼과 목적에 맞게 분화되는 것은 최근 영상 제작에서 가장 흔히 경험할 수 있는 현실적인 방법이다.

이러한 단계별 워크플로를 효과적으로 운영하기 위해서는 호환성과 협업 체계가 중요하다. 파일 포맷과 코덱, 해상도 설정을 프로젝트 초반에 정해 두지 않으면 툴 간 연결에서 오류가 발생할 수 있으며, 이는 전체 일정에 영향을 준다. 또한 클라우드 기반 협업 툴 프레임.io(Frame.io), 블랙매직 클라우드(Blackmagic Cloud)

등을 활용하면 원격 근무 환경에서도 팀원들이 실시간으로 피드백을 주고받을 수 있다. 이는 반복적인 버전 교환을 줄이고, 작업 시간을 단축시키는 핵심 요인이다. 결국 통합 워크플로 설계는 단순히 여러 툴을 나열하는 것이 아니라, 각 단계에서 어떤 툴이 가장 큰 가치를 발휘하는지를 파악하고 이를 유기적으로 연결하는 전략이다. AI 툴은 빠른 시각화와 실험에, 전통 툴은 완성도와 정밀도에 강점을 가지기 때문이다.

참고문헌

유양석(2025.1.26). "AI영상 제작, 크리에이터의 미래를 어떻게 바꿀까?". 미디어창업뉴스. http://www.kmedia-news.com/news/articleView.html?idxno=7504

이준오·박승배(2025). "생성형 AI 기반의 쇼트폼 영상 제작 프로세스에 관한 연구 – 영상디자인을 위한 AI 워크플로 모델 제안". 《상품문화디자인학연구》, 81, 397~408쪽.

05
3D와 제품 디자인 툴

3D 디자인은 단순한 표현 기술을 넘어, 세계를 바라보는 방식 자체를 바꾸고 있다. 우리는 더 이상 현실을 그대로 재현하는 데 그치지 않고, 존재하지 않는 것을 미리 만들고 그 가능성을 시험한다. 이 과정에서 '현실은 무엇으로 정의되는가'라는 질문은 새롭게 던져진다. 이번 장에서는 3D 디자인 툴이 어떻게 창작의 도구를 넘어 사고의 틀을 바꾸고 있는지 탐구한다.

3D 디자인의 현주소

AI 기반 3D 제품 디자인 툴은 오랫동안 연구 단계에 머물러 있다가 최근에서야 본격적으로 등장하기 시작한 영역이다. 과거에는 "AI로 2D 이미지를 변환한다" 정도는 가능했지만, 3D 모델을 만드는 일은 훨씬 까다로운 과제였다. 화면 속 평면을 입체로 확장하려면 좌표, 깊이, 재질 같은 수많은 변수를 동시에 계산해야 했기 때문이다. 더구나 학습할 만한 3D 데이터 자체가 부족해 AI가 제대로 배울 수 있는 환경도 갖추어지지 못했다. 그래서 초기에는 디자이너가 반복적으로 수행하던 단순 작업을 줄여주는 보조 기능만 제공되었다. 예를 들어 3D 모델의 울퉁불퉁한 표면을 자동으로 매끄럽게 정리해주는 기능이나, 캐릭터에 자동으로 관절을 심어 움직일 수 있게 만드는 기능 같은 것들이 먼저 등장하였다.

그러나 2018년을 전후로 상황은 급격히 달라졌다. 이미지 인식과 생성을 혁신적으로 끌어올린 딥러닝 알고리즘이 등장했고, 셰이프넷(ShapeNet), 오브자버스(Objaverse)와 같은 대규모 3D 데이터 세트가 공개되면서 AI가 학습할 수 있는 토대가 마련되었다. 여기에 GPU 성능 향상과 클라우드 컴퓨팅 보급이 더해지면서, 과거라면 며칠이 걸리던 연산이 이제는 몇 분 만에 가능해졌다. 이러한 변화가 맞물리며 AI 기반 3D 툴은 연구실 단계를 넘어 실제 실무에서도 활용할 수 있는 수준으로 발전하였다.

이후 발전 과정은 단계적으로 이어졌다. 먼저 사진이나 스케치를 입력하면 간단한 3D 오브젝트로 변환해 주는 이미지 기반 모델 생성이 등장하였다. 카에딤(Kaedim) 같은 서비스는 게임 업계에서 콘셉트 아트를 빠르게 3D 모델로 변환하는 데 활용되고 있으며, 제품 디자인에서도 초기 아이디어 스케치를 입체화해 팀과 논의할 때 자주 사용되고 있다. 이어서 사용자가 "미래형 전기 스쿠터"와 같은 문장을 입력하면 AI가 이를 해석해 자동으로 3D 모델을 만들어 내는 텍스트 기반 생성(Text-to-3D) 기술이 나타났다. 메시(Meshy), 런웨이 3D 등이 이 흐름을 대표한다. 최근에는 NeRF(Neural Radiance Fields)라는 기술이 등장해 여러 장의 사진을 학습시켜 실제 공간을 3D로 복원하는 방식이 확산되고 있다. 예를 들어 스마트폰으로 방 안을 다양한 각도에서 촬영하면 AI가 이를 분석해 가상의 3D 공간을 만들어 내는 것이다. 이렇게 복원된 공간은 VR · AR 환경에서 자유롭게 둘러볼 수 있으며, 인테리어 시뮬레이션이나 부동산 가상 투어 서비스에서 이미 활용되고 있다. 더 나아가 AI는 단순히 모델을 만드는 것을 넘어, "이 다리는 얇아 무게를 지탱하기 어렵다"거나 "이 소재는 내구성이 낮으니 다른 재질을 고려하라"와 같은 구조적 제안까지 제공하는 단계로 발전하고 있다.

이러한 흐름 속에서 3D 디자인은 단순한 시각화 도구를 넘어, 제품 개발과 사용자 경험 전반을 연결하는 중요한 매개체가 되고 있다. 특히 디지털 프로토타이핑은 물리적 시제품을 만들기 전에 디지털 환경에서 먼저 가상의 시제품을 제작하고 검증하는 방식을 의미한다. 자동차 업계에서는 계기판 배치나 주행 시야를 실제 제작 전에 시뮬레이션으로 검토하고 있으며, 가구 브랜드 이케아는 VR를 통해 고객이 집에서 소파를 배치해 볼 수 있는 서비스를 제공한다. 스포츠 브랜드는 메타버스 공간에 신제품을 선공개해 소비자가 아바타로 체험하도록 하기도 한다. 이처럼 3D 디자인은 단순히 제품을 '보여주는 것'을 넘어, 출시 전 소비자가 직접 '경험할 수 있게 하는 것'으로 확장되고 있다. 의료 기기 제조사가 수술실 환경을 가상으로 구현해 동작을 분석하거나, 가전 업체가 세탁기 패널 조작의 직관성을 VR 시뮬레이션으로 검증하는 사례는 이를 잘 보여준다.

다만 3D 제품 디자인 툴은 2D 디자인 툴과 비교했을 때 아직 성숙도가 낮다고 할 수 있다. 포토샵이나 일러스트레이터와 같은 2D 툴은 오랜 시간 산업 표준으로 자리 잡아 사실상 표현 완성도에 대한 논의가 거의 없는 반면, 3D 툴은 여전히 현실과 디지털 간의 간극을 좁혀가는 과정에 있다.

예를 들어 화면 속 3D 모델은 정확해 보이지만, 재료의 특성이나 제조 과정에서 발생하는 변형까지 완벽히 예측하기는 어렵고, 사람이 손에 쥐었을 때의 무게나 촉감 같은 경험적 요소는 물리적 프로토타입 없이는 확인하기 어렵다. 그러나 최근에는 AI와 물리 기반 시뮬레이션 기술이 접목되면서 이러한 한계는 점차 줄어들고 있다. AI는 소재별 변형이나 구조적 취약점을 예측할 수 있게 해 주고, VR는 사용자가 실제 제품을 체험하듯 가상 환경에서 상호 작용할 수 있도록 지원한다.

따라서 3D 디자인의 현주소는 '완성된 도구'라기보다 '성숙해가는 도구'다. 디자이너는 이를 최종 해답으로 여기기보다, 디지털과 물리적 프로토타입을 연결하는 가교로 활용해야 한다. 즉, 디지털 툴의 속도와 효율성을 적극 활용하되, 최종 검증은 물리적 실험과 사용자 경험을 통해 완성하는 균형 잡힌 접근이 필요하다.

3D디자인 툴의 대표 주자 현황

3D 디자인 툴은 크게 그래픽 중심 툴과 CAD (Computer-Aided Design, 컴퓨터 지원 설계) 중심 툴로 나눌 수 있다. 그래픽 중심 툴은 광고 · 영화 · 인테리어 · 브랜드 홍보 영상처럼 제품이나 공간을 시각적으로 매력 있게 표현할 때 사용된다. CAD 중심 툴은 가전제품 · 자동차 · 주얼리 · 건축 자재처럼 실제 제조와 연결되는 정밀한 설계를 해야 할 때 활용된다. 두 축은 출발점은 달랐지만 최근에는 서로의 기능을 보완하며 함께 쓰이고 있다.

3D 그래픽 중심 툴의 대표 주자는 블렌더(Blender), 시네마 4D(Cinema4D), 마야(Maya)다. 블렌더는 무료 오픈소스 기반 툴로, 모델링 · 애니메이션 · 렌더링 · 합성까지 통합 기능을 제공한다. 무료이면서도 상용 툴에 버금가는 기능을 제공하기 때문에, 교육 현장과 개인 창작자, 스타트업에서 가장 많이 사용되는 툴 중 하나다. 특히 실시간 렌더링 기능과 플러그인 지원을 통해 단순한 그래픽 제작을 넘어 제품 시각화와 프로토타이핑에도 활용되고 있다. AI 시대에도 블렌더는 여전히 강세를 보이고 있다. 커뮤니티가 활발해 AI 기반 애드온과 플러그인이 빠르게 공유되며, 대체 불가능한 학습 · 실험 플랫폼 역할을 하고 있다. 오히려 '무료이면서 빠르게 진화

하는 툴'이라는 점에서 AI와 가장 잘 맞물려 성장하는 대표적인 사례라 할 수 있다.

시네마 4D는 모션 그래픽과 방송·광고 제작에 특화된 툴이다. 직관적인 인터페이스와 빠른 렌더링 속도로 '배우기 쉬운 전문 툴'이라는 평가를 받으며, 특히 어도비 애프터 이팩트(Adobe After Effects)와의 연동이 원활해 그래픽 디자이너와 모션 그래퍼에게 필수적으로 쓰이고 있다. 광고·홍보 영상, 브랜드 캠페인 등에서는 여전히 주요 툴로 자리하고 있다. 그러나 AI 기반 모션 생성 툴들이 빠르게 등장하면서, 단순 반복 애니메이션 제작 부분에서는 경쟁을 받고 있는 것도 사실이다. 그럼에도 불구하고 시네마 4D의 전문적인 디테일 제어와 방송·광고 업계의 관성적인 사용 덕분에 단기간에 도태될 가능성은 낮다.

마야는 영화, 애니메이션, VFX(Visual Effects) 산업에서 오랫동안 표준으로 자리 잡은 툴이다. 고급 모델링, 리깅, 시뮬레이션, 렌더링까지 지원하며, 복잡하고 사실적인 캐릭터나 대규모 장면 제작에 최적화되어 있다. 할리우드 영화와 글로벌 게임 제작 현장에서는 여전히 주요 툴로 쓰인다. 그러나 개인 창작자나 소규모 스튜디오에서는 블렌더 같은 무료 대안의 부상으로 입지가 줄어

드는 추세다. 또한 AI 기반 캐릭터 생성 툴들이 빠르게 발전하면서, 초기 모델링 단계에서는 마야의 활용이 감소하고 있다. 하지만 대규모 파이프라인과 전문 제작 현장에서는 여전히 핵심 툴로 자리하고 있어, 단기간에 완전히 대체되기는 어려운 위치다.

CAD 중심 툴의 대표 주자는 솔리드웍스(SolidWorks), 오토데스크(Autodesk), 라이노(Rhino)다. 솔리드웍스는 기계·산업 제품 설계에 특화된 CAD 툴이다. 복잡한 부품 설계, 어셈블리 조립, 구조 해석까지 지원하여 실제 제조와 바로 연결될 수 있는 정밀도를 제공한다. 특히 자동차, 항공, 가전 산업에서 표준처럼 사용되고 있다. AI 시대에도 솔리드웍스는 여전히 강력하다. AI가 자동 설계 제안을 해 주더라도, 최종 검증과 제조용 데이터 출력을 위해 솔리드웍스 같은 툴은 반드시 필요하기 때문이다. 다만 클라우드 기반의 퓨전 360(Fusion 360) 등 올인원 툴과 비교하면, 설치형 중심이라는 점에서 유연성 부족이 한계로 지적된다.

오토데스크 퓨전 360은 제품을 디자인하고 실험하며 실제 제작까지 이어지는 과정을 한 번에 해결할 수 있는 종합 도구다. 예를 들어 한 번의 작업 환경 안에서 제품의 모양을 설계하고, 튼튼한지 가상으로 시험해 본 뒤,

바로 제작 단계까지 연결할 수 있다. 복잡한 프로그램을 여러 개 오가야 했던 과거와 달리, 퓨전 360 하나로 가능하기 때문에 스타트업이나 소규모 제조업체에서 특히 많이 활용된다. 클라우드 기반으로 협업과 버전 관리가 용이하며, UI가 직관적이라 학습 진입 장벽이 낮다. AI 기능과도 자연스럽게 결합되고 있어, 자동 최적화나 설계 시뮬레이션 제안 같은 기능이 빠르게 확장되고 있다. AI 시대에 오히려 성장 가능성이 큰 CAD 툴로 평가된다.

라이노는 곡면 모델링에 강점을 가진 툴로, 자동차 외관 디자인, 가구, 주얼리, 건축 분야에서 자주 활용된다. 자유로운 곡선과 곡면을 다루는 데 최적화되어 있다. 덕분에 실험적인 형태와 독창적인 제품 디자인에서 라이노는 여전히 강력한 존재감을 갖고 있다. 다만 일반 제조업에서 요구하는 치수 기반의 정밀 설계에서는 솔리드웍스나 퓨전 360에 비해 약점을 가진다. AI 시대에도 라이노는 실험적 디자인·창의적 형상 탐구에 특화된 틈새 툴로서 꾸준히 쓰일 가능성이 크다.

결국 AI가 등장했음에도 불구하고, 정밀 제조와 고급 파이프라인에서는 CAD 툴이 여전히 필수이고, 시각화와 표현의 영역에서는 그래픽 툴이 새로운 AI 기능과 결합하며 진화 중이다. 디자이너는 목적과 산업 맥락에 따라 어떤 툴을 선택하고 AI와 어떻게 조합할지를 전략적으로 판단해야 한다.

새로 등장한 AI 기반 3D 제품 디자인 툴

AI 기반 3D 제품 디자인 툴은 그래픽 중심과 CAD 중심이라는 두 축 가운데, 현재까지는 그래픽 중심 툴을 중심으로 빠르게 발전해 왔다. CAD 기반 툴은 여전히 정밀한 계산과 제조 공정을 고려해야 하기 때문에 AI가 당장 대체하기 어렵지만, 그래픽 툴은 시각적 표현과 아이디어 탐색이 중심이어서 AI와 자연스럽게 결합되었다. 따라서 오늘날 대표적인 AI 기반 툴들은 대부분 그래픽 중심 워크플로를 혁신하는 방향으로 발전하고 있다. CAD 기반 툴은 여전히 정밀한 계산과 제조 공정을 고려해야 하기 때문에 AI가 당장 대체하기 어려운 영역이지만, 최근에는 설계 최적화나 구조 분석과 같은 부분에서 AI가 점차 보조 역할을 수행하고 있다. 대표적인 AI 기반 그래픽 툴로는 카에딤(Kaedim), 메시(Meshy), 런웨이 3D(Runway 3D), 슬로이드(Sloyd)가 있다.

카에딤은 2D 이미지를 입력하면 자동으로 3D 모델을 생성하는 기능을 제공한다. 과거에는 디자이너가 스케치를 3D로 옮기기 위해 모델링 소프트웨어에서 수 시간

이상 작업해야 했지만, 카에딤을 사용하면 몇 분 만에 입체 모델을 확보할 수 있다. 이 툴의 차별점은 "2D에서 3D로의 전환 속도"에 있으며, 특히 게임 업계나 메타버스 플랫폼에서 콘셉트 아트를 빠르게 입체화하는 용도로 주로 쓰인다. AI의 개입으로 달라진 점은, 디자이너가 '정밀한 모델링 기술'을 직접 사용하지 않고도 아이디어를 바로 공유할 수 있게 되었다는 것이다.

메시는 텍스트 입력만으로 3D 오브젝트를 생성할 수 있다는 점에서 차별적이다. 사용자가 "투명한 유리병 같은 질감의 물병"이라고 입력하면 AI가 이를 해석해 형태와 재질을 반영한 3D 모델을 만든다. 이 기능은 과거라면 숙련된 모델러가 장시간 작업해야 했던 과정을 단순 문장 입력만으로 대체했다는 점에서 획기적이다. 메시는 주로 초기 아이디어 탐색, 프로토타입 제작, 교육 현장에서 아이디어를 시각화하는 상황에서 자주 활용된다(곽성조, 2024). AI가 단순히 도구의 일부 기능을 보조하는 것을 넘어, 사용 방식 자체를 "모델링에서 글쓰기"로 바꾸어 놓았다는 점이 가장 큰 변화다.

런웨이 3D는 영상 제작 툴에서 파생된 기능으로, 기존의 이미지나 영상을 기반으로 3D 장면을 자동으로 재구성하는 접근이 특징이다. 예를 들어 광고 영상 제작자가 특정 장면을 3D 공간으로 변환해 가상 카메라 워크를 추가하거나, 제품 홍보 영상을 입체적 장면으로 변환해 몰입도를 높이는 방식이 가능하다. 기존 워크플로에서는 영상과 3D 모델링을 따로 제작해야 했지만, 런웨이 3D는 AI가 영상 데이터를 이해해 곧바로 입체 장면을 만들어준다는 점에서 차별적이다. AI의 개입으로 달라진 점은, 영상 제작자가 더 이상 별도의 3D 전문 기술을 배우지 않아도 영상과 3D를 연결하는 새로운 제작 방식을 활용할 수 있게 되었다는 것이다.

슬로이드는 단순한 3D 오브젝트를 대량으로 자동 생성하는 데 특화된 플랫폼이다. 게임 제작이나 메타버스 환경 구축에서 반복적으로 필요한 건물, 가구, 소품 같은 자산을 몇 분 만에 대량으로 확보할 수 있다. 과거에는 아티스트들이 반복적으로 비슷한 오브젝트를 제작해야 했지만, 슬로이드는 이를 AI가 자동으로 처리해 준다. 차별점은 "대량 자산 자동화"이며, 사용하는 상황은 특히 대규모 가상공간을 구축하거나 콘텐츠를 빠르게 채워야 하는 상황이다. AI 덕분에 달라진 점은, 단순 반복 작업의 부담이 크게 줄어들고 디자이너는 중요한 핵심 자산이나 세계관 설계에 더 집중할 수 있게 되었다는 것이다.

한편 CAD 기반 툴에서 현재까지 주목할 만한 툴은 2가지가 있다. 첫째, 오토데스크 퓨전 360은 설계자가 입력한 조건에 따라 수십 가지 대안을 자동으로 제시하는 생성적 설계(Generative Design) 기능을 제공하고 있다. 이 기능은 엔지니어가 구조 해석을 일일이 반복하며 최적의 설계를 찾던 과정을 AI가 자동으로 수행한다는 점에서 큰 차이가 있다. 둘째, 솔리드웍스 역시 AI를 활용한 시뮬레이션 자동화 기능을 확대하며, 설계자가 더 빠르게 구조적 안정성을 검증할 수 있도록 하고 있다. 아직 그래픽 중심 툴만큼 대중화되지는 않았지만, CAD 영역에서도 AI는 점차 정밀 설계의 파트너로 자리잡아가고 있다.

무엇보다 중요한 점은, AI 기반 툴들이 그래픽 중심 영역에서 빠르게 성장했지만 이제는 CAD 영역까지 점차 확장되면서 두 영역의 경계를 허물고 있다는 사실이다. 과거에는 "보여주는 3D"와 "만드는 3D"가 분리되어 있었지만, AI는 이 두 가지 과정을 점점 더 긴밀하게 연결하고 있다. 디자이너는 아이디어를 텍스트나 이미지로 시각화하고, CAD 툴에서 이를 정밀하게 다듬어 제조 가능한 모델로 발전시키는 과정을 보다 자연스럽게 이어갈 수 있게 되었다.

산업별 3D툴

3D 디자인 툴은 이제 게임이나 영상 시각화에 국한되지 않고, 자동차 · 가전 · 건축 · 의료 · 패션 등 실질적인 제조와 서비스 산업의 핵심 도구로 자리 잡고 있다. 산업별로 요구되는 조건과 작업 방식이 다르기 때문에, 각 분야에서는 그 특성에 맞는 툴이 사실상 표준처럼 사용되고 있다.

자동차 산업에서는 카티아(CATIA)와 알리아스(Alias)가 대표적인 툴이다. 카티아는 다쏘 시스템즈(Dassault Systèmes)에서 개발한 3D CAD 소프트웨어로, 기계 설계와 대규모 조립 작업에 특화되어 있다. 차체 구조, 엔진 부품, 기계적 연결 요소까지 모두 설계할 수 있으며, 부품 단위 설계에서 전체 차량 어셈블리까지 확장 가능한 기능을 갖추고 있다. 특히 충돌 안전성이나 공기 역학과 같은 구조적 해석과 시뮬레이션 기능을 지원해, 설계와 엔지니어링을 동시에 진행할 수 있다. 이 때문에 완성차 기업과 주요 부품사에서 카티아는 사실상 산업 표준으로 사용된다.

알리아스는 오토데스크(Autodesk)에서 제공하는 툴로, 주로 자동차의 외관 디자인에서 강점을 발휘한다. 곡면 모델링에 특화되어 있어, 차량 외장 표면을 매끄럽고 정밀하게 구현할 수 있다. 알리아스의 장점은 단순히 형태를 그리는 데 그치지 않고, 디자이너가 원하는 곡선을 자유롭게 다루며 브랜드 아이덴티티를 담아낼 수 있다는 것이다. 실제로 글로벌 자동차 브랜드들은 알리아스로 외관 디자인을, 카티아로 내부 구조와 엔지니어링을 진행하는 방식을 병행한다.

가전제품 설계에서는 솔리드웍스와 퓨전 360이 가장 널리 사용된다. 솔리드웍스는 직관적인 인터페이스와 파라메트릭 설계 기능으로 잘 알려져 있다. 전자 제품 외관 설계, 내부 기구 설계, 부품 조립 검증 등 가전제품 개발의 거의 모든 과정에서 사용된다. 특히 물리적 프로토타입을 제작하기 전에 내구성, 내열성, 부품 간 간섭 여부 등을 가상 시뮬레이션으로 확인할 수 있어, 개발 비용과 시간을 줄일 수 있다.

퓨전 360은 오토데스크에서 제공하는 클라우드 기반 올인원 플랫폼으로, 설계, 해석, 제조 공정을 하나의 흐름에서 관리할 수 있다. 가전 업체들은 퓨전 360을 활용해 신제품 프로토타입을 빠르게 제작하고, 클라우드를 통해 협업하며 수정안을 즉각 반영할 수 있다. 빠른 시장 출시가 중요한 소비재 분야에서 퓨전 360은 특히 주목받고 있다.

건축에서는 레빗(Revit)과 3ds 맥스(3ds Max)가 대표적이다. 레빗은 BIM(Building Information Modeling) 소프트웨어로, 건축물의 설계 · 시공 · 유지 관리까지 전 과정을 3D 모델로 관리할 수 있다. 구조, 전기, 설비 등 다양한 분야의 엔지니어가 동일한 모델을 기반으로 협업할 수 있으며, 건축물의 수명 주기를 체계적으로 관리하는 데 유용하다. 이 때문에 대형 건축 프로젝트에서는 레빗을 사실상 필수로 사용한다.

3ds 맥스는 건축 시각화에 강점을 지닌 툴이다. 사실적인 렌더링과 재질 표현을 통해 건물이 완공되기 전에 외관과 실내를 현실감 있게 보여줄 수 있다. 투자자와 소비자에게 설계안을 설득력 있게 전달하기 위해 사용되며, 특히 마케팅 단계에서 중요한 역할을 한다. 레빗이 설계와 관리에 초점을 둔다면, 3ds 맥스는 설계 결과를 시각적으로 전달하는 데 최적화된 툴이라 할 수 있다.

의료 분야에서는 머티리얼라이즈 미믹스(Materialise Mimics)가 가장 널리 쓰이고 있다. 미믹스는 환자의 CT나 MRI 데이터를 불러와 뼈, 장기, 혈관 등의 구조를 3D로 재구성할 수 있다. 의료진은 이를 통해 수술 계획을 세우고, 맞춤형 보철이나 임플란트를 설계할 수 있다. 이 모델은 3D 프린터로 출력해 실제 수술 도구나 환자 맞춤형 의료 기기로 제작된다. 미믹스의 가장 큰 강점은 의료용 데이터 처리와 연결된 다양한 인증과 안전성 기준을 충족한다는 점이다. 즉, 단순한 3D 모델링 툴이 아니라 실제 의료 현장에서 신뢰할 수 있는 임상용 플랫폼으로 자리 잡고 있다.

패션과 라이프스타일 분야에서는 클로 3D(CLO3D)와 유니티(Unity)가 대표적이다. 클로 3D는 의상 디자인을 위한 툴로, 원단의 물성을 사실적으로 시뮬레이션할 수 있다. 디자이너는 천의 두께, 신축성, 주름 표현을 가상 환경에서 확인하며 옷의 형태를 조정할 수 있다. 이를 통해 실제 제작 전에 디자인을 검토할 수 있고, 디지털 패션 쇼룸을 열어 소비자 반응을 먼저 확인하는 데 활용된다. 글로벌 패션 브랜드들이 클로 3D를 활용해 디지털 쇼룸과 메타버스 패션쇼를 운영하고 있는 사례도 늘고 있다.

유니티는 게임 엔진 기반 툴이지만, 가구와 라이프스타일 제품의 체험형 서비스에 많이 쓰인다. 대표적으로 이케아는 유니티와 AR킷(ARKit)을 활용해 고객이 자신의 거실에서 소파나 테이블을 배치해 보는 서비스를 제공한다. 소비자는 단순히 카탈로그 사진을 보는 것이 아니라, 자신의 공간에 제품을 배치해 실제 사용 환경을 미리 경험할 수 있다. 이는 소비자의 구매 결정 과정과 기업의 재고 관리 방식에 모두 영향을 미치고 있다.

참고문헌

곽성조(2024). "AI 기반 3D 모델링 도구 성능 비교와 평가 – Rodin과 Meshy의 기하학적, 토폴로지적, 시각적 분석". 《상품문화디자인학연구》, 79, 199~214쪽.

윤승욱 외(2016). "3D 프린팅 관련 3D 저작/편집 도구 분석 및 연구 동향". 《전자통신동향분석》, ETRI.

06
프로토타이핑과 UI 디자인 툴

미래의 디자이너는 단순히 화면 위에 2D 이미지를 배치하는 데서 그치지 않는다. 이제는 3D 환경을 자유롭게 다루며 평면과 입체, UI와 프로토타입을 유기적으로 연결하는 역할이 요구된다. 디자인은 더 이상 특정 매체나 도구에 국한되지 않고 현실과 가상, 디지털과 물리적 세계를 오가며 종합적으로 경험을 설계하는 일이 되었다. 따라서 미래의 디자이너는 시각적 창작자이자 경험의 설계자로서 2D와 3D를 넘나드는 복합적 전문성을 갖춘 존재로 자리매김하게 될 것이다.

AI와 민주주의?

서비스 디자인 프로세스의 변화

서비스 디자인 프로세스는 코로나19를 기점으로 이전과는 전혀 다른 양상을 띠게 되었다. 팬데믹으로 인해 비대면 생활이 일상화되자, 디지털 전환은 더 이상 선택이 아니라 생존을 위한 필수 조건이 되었다. 교육과 쇼핑은 물론이고, 온라인 도입에 보수적이었던 시니어 서비스, 의료 서비스, 전통 시장까지 웹과 앱 기반의 플랫폼을 구축하며 빠르게 온라인으로 옮겨갔다. 학교는 원격 수업을 위한 학습 관리 시스템을 마련했고, 병원은 화상 진료와 환자 관리 앱을 운영하기 시작했으며, 전통 시장 상인들조차 모바일 주문과 배달 서비스를 도입하였다. 다양한 분야에서 서비스가 동시에 온라인으로 이동하면서, 사용자경험(User eXperience) 디자인은 더 넓은 계층과 환경을 고려해야 하는 과제를 안게 되었고, 이는 서비스 디자인의 범위와 기준을 확장시키는 계기가 되었다.

업무 방식도 크게 달라졌다. 과거에는 디자이너가 화면 시안을 완성해 기획자와 개발자에게 순차적으로 전달하는 방식이 일반적이었다. 그러나 온라인 협업 플랫폼의 확산은 이 구조를 근본적으로 바꾸어 놓았다. 이제는 피그마(Figma)와 미로(Miro) 같은 툴을 통해 서로 다른 역할을 가진 팀원들이 동시에 접속해 의견을 주고받고, 화면을 함께 수정한다. 더 이상 오프라인 회의실에 모이지 않아도 협업이 가능해졌고, 실시간 피드백은 서비스 디자인의 속도와 효율을 비약적으로 높였다.

개발 프로세스 역시 변화하였다. 한 방향으로만 흐르는 전통적인 워터폴 방식은 빠르게 한계를 드러냈다. 이를 대신해 작은 단위의 기능을 빠르게 만들고 개선하는 애자일 방식이 보편화되었고, 짧은 시간 안에 문제 정의에서 프로토타입 제작과 사용자 테스트까지 압축적으로 진행하는 디자인 스프린트가 확산되었다. 서비스 디자인은 긴 호흡의 완성 중심에서 벗어나, 반복적인 실험과 검증 중심으로 무게가 옮겨갔다.

프로토타입의 의미도 달라졌다. 이전에는 완성될 서비스의 단순한 미리보기에 불과했다면, 지금은 팀 내부 합의를 이끌어내고 사용자 반응을 실험하는 핵심 도구로 자리 잡았다. 특히 프로토타입을 통한 사용자 테스트에서는 클릭률, 체류 시간, 기능 사용 빈도와 같은 데이터를 수집할 수 있는데, 이는 디자인 결정을 직관이 아니라 데이터 기반으로 판단하는 디자인 프로세스에 객관적 논리로 활용된다. 이렇듯 데이터드리븐 디자인은 단순한 방법론의 변화에 그치지 않고 툴의 발전을 직접적으로 이끌었다. 피그마, 어도비XD(Adobe XD), 프로토파이(ProtoPie)와 같은 도구들은 이제 화면을 그리는 수준을 넘어, 사용자 테스트 데이터를 실시간으로 반영하고, 분석 결과를 협업 과정에 통합할 수 있도록 발전하고 있다. 클릭 패턴을 자동으로 기록하거나, 인터랙션의 성공·실패율을 수치로 보여주는 기능은 대표적인 예다. 과거에는 별도의 리서치 도구에서 수집하던 데이터를 이제는 디자인 툴 안에서 바로 확인할 수 있게 된 것이다. 이는 서비스 디자이너가 데이터를 기반으로 빠르게 가설을 검증하고, 디자인을 수정하며, 팀원들과 근거 있는 결정을 내릴 수 있는 환경을 제공하고 있다.

화면 제작을 위한 UI 디자인 툴

UI(User Interface) 디자인은 사용자가 디지털 서비스와 만나는 접점을 구체적으로 형상화하는 과정이다. 버튼, 아이콘, 메뉴와 같은 시각적 요소뿐 아니라 화면 전환의 흐름까지 포함해, 사용자가 서비스와 어떻게 상호작용할지를 설계하는 영역이다. 다시 말해 UI 디자인은 추상적인 서비스 개념을 실제 사용 경험으로 변환하는 매개라 할 수 있다.

UI 디자인의 접근은 시대에 따라 달라졌다. 초기의 웹 환경에서는 단순히 정보를 나열하고 클릭 가능한 요소를 배치하는 수준에 머물렀다. 스마트폰이 보급되면서는 작은 화면 안에 직관적인 탐색 구조와 터치 기반 상호작용을 담아내야 했고, 이는 모바일 퍼스트(Mobile First)라는 원칙으로 이어졌다. 최근에는 다양한 해상도와 기기 환경에 대응하는 반응형 디자인, 다크모드와 같은 맞춤형 환경 설정, 음성이나 제스처와 같은 비시각적 인터페이스까지 고려하는 방향으로 확장되고 있다.

UI 디자인 툴의 판도는 최근 몇 년 사이 급격히 재편되었다. UX Tools 2024 설문은 UI 디자인 영역에서 피그마의 점유율을 82.3%로 집계하며, 피그마 : 스케치(Sketch) 비율이 46:1이라는 표현까지 사용할 정도로 시장 집중이 진행되었음을 보여준다. 같은 보고서는 어도비 XD가 2023년에 서비스 종료 예고를 발표했고, 2024년에는 공식적으로 완전히 중단되었다고 정리한다. 다만 아직도 전체 응답자의 약 1.4%는 이 툴을 사용하고 있다고 덧붙인다. 또한 이러한 지형 변화는 단순한 선호의 문제가 아니라, 협업 방식과 디자인 시스템 관리, 그리고 교육 · 기업 환경 전반의 표준화가 맞물린 결과로 해석해야 한다고 밝힌 점도 참고할 만하다.

피그마가 단기간에 표준 위치를 확보한 배경에는 실시간 멀티플레이 협업, 브라우저 기반의 크로스플랫폼

접근성, 생태계에 대한 공격적 투자라는 세 축이 있었다. UX Tools는 과거 스케치가 우위였던 시기를 상기시키며, 바로 이 세 요인이 피그마의 "빠른 접수"를 이끈 결정적 차별점이었다고 정리한다. 즉, 설치 · 버전 관리 · 파일 충돌을 줄이고 동시에 여러 직군이 한 화면에서 작업 · 코멘트 · 수정하는 구조가 기본값이 되면서, 피드백 루프가 짧아지고 산출물은 하나의 '싱글 소스'로 정리되는 방식이 일상화되었다는 뜻이다. 여기에 디자인 시스템을 팀 · 조직 단위로 묶어 관리하는 흐름이 결합되며 플랫폼 록인(Lock-in)이 강화되었는데, 디자인 시스템을 이유로 "툴을 바꾸기 어렵다"는 응답이 86.7%에 이른다는 데이터는 왜 시장이 쉽게 재편되지 않는지를 설명해 준다.

기능 측면에서 피그마는 UI 화면 제작을 넘어 디자인 시스템과 프로토타이핑, 개발 모드까지 한 환경에서 묶는다. 컴포넌트 · 바리언트 · 오토 레이아웃 · 제약(Constraints)처럼 화면 일관성을 보장하는 기능을 핵심에 두고, 팀 라이브러리와 권한 체계를 통해 대규모 협업의 질서를 유지하게 한다. 그 결과 디자이너의 업무는 파일 관리나 자산 정리에서 벗어나 의도 · 패턴 설계와 검증에 더 많은 시간을 쓸 수 있게 되었다고 현업에서는 평가한다. 또한 UX Tools 데이터에 따르면 UI 설계에서 피그마를 쓰는 팀이 프로토타이핑도 피그마를 활용하는 비율이 86.8%로 나타나는데, 이는 툴 피그마에 대한 충성도가 높고, 실험 주기도 빨라졌음을 의미한다.

2025년에는 각 제품의 영역 자체가 확대되고 있다. 피그마는 컨퍼런스에서 Figma Sites, Make, Buzz, Draw 등으로 생태계를 넓히며, 디자인-프로토타입-콘텐츠 생성-웹 퍼블리싱까지 연계하려는 전략을 밝혔다. 특히 피그마 메이크는 자연어로 프로토타입을 생성하고, 디자인 레퍼런스를 반영해 결과를 다듬을 수 있도록 하며 점차 일반 제공으로 전환되고 있다. 또한 2024년 컨퍼런스에서 공개된 피그마 AI는 비주얼 검색과 자산 검색의 의미를 이해하고, 텍스트/이미지 생성, 레이어 자동 이름 지정, 즉시 인터랙션 구현(Make Prototype), 그리고 텍스트 프롬프트로 UI 초안 생성(Make Designs) 같은 기능을 포함했다. 공식 블로그는 베타 기간의 제공 범위와 학습 정책까지 구체적으로 밝히며, 장기적으로는 조직의 디자인 시스템을 활용해 온브랜드 UI 초안을 만들어 가는 방향을 제시한다.

반면 스케치는 맥 전용이라는 태생적 제약과 협업·실시간성에서의 격차로 주도권을 내주었다. 여전히 가

벼운 벡터 편집과 플러그인 생태계를 무기로 개인 · 소규모 팀에서 쓰이지만, 앞서 언급한 46:1의 비율로 설 자리를 잃고 있다.

어도비 XD는 포토샵과 일러스트레이터와의 연동이라는 장점이 있었으나, 2024년 은퇴로 사실상 신규 도입이 멈췄다. 어도비 커뮤니티 공지에 따르면 신규 구매는 중단되었고 기존 사용자 지원만 이어진다. UX Tools 2024에서도 앞서 말한 대로 사용 응답 1.4%가 남아 있는 수준으로 정리된다.

프로토타이핑 툴

프로토타입은 서비스 디자인 과정에서 아이디어를 실제와 유사하게 구현하여 사용자 경험을 미리 검증하는 중요한 장치다. 오늘날에는 너무도 당연하게 사용되는 방법이지만 과거에는 상황이 달랐다. 당시 디자이너가 만들 수 있는 프로토타입은 정적인 화면을 이어 붙인 수준에 머물렀고, 조금만 복잡한 상호작용을 표현하려면 반드시 개발자가 별도의 코드를 작성해야 했다. 결국 초반 단계에서 사용자 반응을 실험하는 것은 사실상 불가능하였고, 제품이나 서비스가 상당 부분 완성된 뒤에서야 사용성 검증이 이루어지곤 했다. 이는 곧 수정 비용 증가와 프로젝트 지연으로 이어졌으며, 프로토타이핑이 갖는 잠재적 가치를 충분히 발휘하지 못하게 만들었다.

현재의 프로토타이핑 툴은 이러한 한계를 획기적으로 줄였다. 디자이너는 개발자의 지원을 기다리지 않고도 직접 인터랙션을 구성하고, 클릭 전환이나 애니메이션 같은 동작을 손쉽게 설정할 수 있다. 이로써 프로토타입은 단순한 시각적 미리보기를 넘어 아이디어를 실험하고 데이터를 수집하는 과정의 핵심 도구로 자리 잡았다.

대표적인 툴로는 피그마, 프로토파이(ProtoPie), 프레이머(Framer)가 있다. 이들은 각기 다른 강점을 지니며, 서비스 디자인 현장에서는 프로젝트의 맥락과 목적에 따라 선택적으로 활용된다.

먼저 피그마는 현재 가장 널리 쓰이는 프로토타이핑 툴이다. UX Tools 2024 조사에 따르면 전체 응답자의 70% 이상이 피그마를 기본 프로토타이핑 도구로 사용한다고 답하였다. 이는 곧 피그마가 화면 디자인과 프로토타입 제작을 동시에 처리할 수 있는 대표적인 플랫폼으로 자리 잡았음을 보여준다. 피그마의 장점은 협업과 속도다. 별도의 프로그램 설치 없이 브라우저에서 실행되며, 여러 팀원이 동시에 같은 화면에서 작업할 수 있다. 덕분에 프로토타입 제작과 피드백 반영의 순환 주기가 획기적으로 단축되었다. 또한 디자인 시스템을 라이브러리로 관리하여 버튼, 아이콘, 컴포넌트가 일관되게 유지된다. 다만 복잡한 센서 입력이나 하드웨어 기반의 정교한 상호작용은 구현하기 어렵다는 한계가 존재한다. 그러나 대부분의 서비스 디자인에서 요구되는 클릭 흐름과 화면 전환을 빠르게 검증하는 데서는 가장 효율적인 도구다.

프로토파이는 정밀한 인터랙션 구현에 특화된 툴이다. 사용률은 피그마에 비해 낮지만, 고급 프로토타이핑 도구라는 질문에서는 꾸준히 10% 이상의 점유율을 차지한다. 프로토파이의 강점은 실제 기기와 유사한 환경을 구현할 수 있다는 점이다. 스마트폰을 기울이거나 흔드는 동작을 센서 입력으로 연결하거나, 음성 인식 · 카메라 기능을 테스트에 포함할 수 있다. 이러한 기능 덕분에 자동차, 가전, 웨어러블 기기와 같이 하드웨어와 소프트웨어가 결합된 제품 개발 현장에서 특히 유용하다. 다만 화면 디자인까지 포함된 올인원 환경은 아니기 때문에 기본 화면은 다른 툴에서 제작한 후 프로토파이로 가져와 고급 인터랙션을 더하는 방식으로 사용된다. 그러나 실제 사용자 경험을 사실적으로 재현해야 하는 프로젝트라면 프로토파이만큼 강력한 도구는 드물다.

프레이머는 또 다른 지향점을 가진 툴이다. 초기에는 코드 기반 인터랙션에 초점을 맞추어 디자이너가 JavaScript나 React 문법을 사용하여 프로토타입을 제작할 수 있도록 하였다. 이 때문에 다루기 어렵다는 평가를 받았으나, 최근에는 시각적 인터페이스만으로도 프로토타입 제작이 가능하도록 발전하였다. 프레이머의 가장 큰 특징은 프로토타입을 곧바로 웹사이트로 퍼블리싱할 수 있다는 점이다. 즉, 아이디어 단계에서 제작한 시안을 실제 웹 환경에 띄워 사용자들이 직접 접속하고 경험할 수 있게 되는 것이다. 이 특성은 스타트업이나 소규모 팀에서 특히 매력적이다. 서비스 기획, 프로토타입 제작, 테스트, 초기 웹사이트 공개까지 하나의 툴에서 이어갈 수 있기 때문이다. 다만 사용률은 여전히 낮으며, UX Tools 조사에서는 1% 미만으로 보고될 정도로 틈새 위치에 있다. 그럼에도 불구하고 "프로토타입을 곧바로 서비스화한다"는 프레이머의 방향성은 분명히 독창적이다.

정리하면, 오늘날의 프로토타이핑 툴은 과거와 달리 서비스 디자인 초반부터 적극적으로 활용되고 있다. 피그마는 빠른 반복과 협업 중심의 프로토타이핑, 프로토파이는 정밀하고 사실적인 경험 검증, 프레이머는 코드와 웹 퍼블리싱으로 이어지는 확장성이라는 고유한 위치를 가지고 있다. 디자이너는 프로젝트의 맥락과 목표에 따라 이들 도구를 조합하여 사용하며, 프로토타입은 더 이상 개발 단계 후반의 산출물이 아니라 아이디어를 검증하고 데이터를 축적하는 과정 그 자체로 자리 잡고 있다.

2D에서 3D로

서비스 디자인에서 사용자 인터페이스는 오랫동안 그래픽 사용자 인터페이스(Graphic User Interface)에 기반해 발전해 왔다. 화면 위의 버튼과 아이콘, 메뉴와 전환 애니메이션은 디자이너가 통제할 수 있는 주요 표현 수단이었다. 그러나 최근 3D 기술과 공간 컴퓨팅의 발전은 이러한 패러다임을 바꾸고 있다. 더 이상 UI가 평면 위의 시각적 그래픽만을 의미하지 않고, 물리적 움직임과 공간적 경험을 포함하는 물리적 사용자 인터페이스(Physical User Interface, PUI)로 확장되고 있는 것이다.

이 변화의 배경에는 메타버스, 가상현실(VR), 증강현실(AR)과 같은 공간 기반 기술의 확산이 있다. 사용자는 단순히 화면을 보는 것이 아니라, 몸을 움직이고 감각을 활용해 시스템과 상호작용한다. 제스처 인식, 촉각 피드백, 음성 제어와 같은 방식은 이제 보조적 기능이 아니라 인터페이스의 핵심이 되고 있다. 이에 따라 UI 디자인은 평면 위의 배치를 넘어 공간적 직관성과 물리적 맥락을 동시에 고려하는 단계로 발전하고 있다.

현재는 피그마 같은 2D 기반 UI 디자인 툴과 블렌더 같은 3D 툴이 여전히 별도로 사용되고 있다. 하지만 이러한 구분은 머지않아 달라질 전망이다. 시장 조사에 따르면, AI 기반 3D 디자인 도구의 시장 규모는 2025년까지 연평균 20% 성장할 것으로 예측된다. 이 같은 현상은 앞으로 3~5년 안에 제품 디자인 팀의 과반수가 AI 기반 3D 도구를 활용하게 될 것이라는 전망을 뒷받침한다(SuperAGI, 2025). 또한 클라우드 기반 협업과 실시간 렌더링 기술이 빠르게 발전하면서, 디자이너가 고사양 장비 없이도 2D와 3D를 오가며 작업할 수 있는 환경이 조성되고 있다. 이런 흐름이 이어진다면 앞으로 5년 이내에 2D와 3D 디자인 툴이 하나의 통합된 워크플로로 융합되는 것도 충분히 현실적인 시나리오다.

이러한 변화는 이미 여러 산업에서 가시적으로 나타나고 있다. 자동차 산업에서는 제스처와 시선 추적을 활용한 3D 인터페이스가 차량 내비게이션과 인포테인먼트 시스템에 적용되고 있다. 의료 분야에서는 수술 시뮬레이션이나 3D 해부 모델링이 단순한 시각 자료를 넘어,

실제 촉각 피드백 장치와 결합해 의사의 손동작을 학습하고 보조하는 단계로 발전하고 있다. 교육 영역에서는 가상현실 교실과 3D 실험실이 확산되면서, 학생들이 단순히 화면을 보며 학습하는 것이 아니라 직접 물리적 행동을 통해 지식을 습득하는 방식으로 바뀌고 있다. 게임 산업은 이러한 변화의 선두에 서 있다. 과거 GUI 기반 조작에서 출발했지만 이제는 몰입형 헤드셋과 모션 인식 장비를 통해 PUI가 기본 인터페이스로 자리 잡고 있으며, 이는 다른 산업에도 빠르게 전파되고 있다.

디자이너의 역할 역시 변화하고 있다. 지금까지 UI 디자이너는 주로 2D 평면 중심의 사고와 툴 역량을 발전시켜 왔다. 그러나 가까운 미래에는 3D 공간적 사고와 물리적 상호작용 설계 능력이 필수적인 역량으로 자리 잡을 것이다. 다시 말해, 미래의 디자이너는 2D 그래픽과 3D 공간, 그리고 PUI를 동시에 다룰 수 있는 복합적 전문가가 되어야 한다. 이미 많은 교육 기관과 기업이 움직이고 있다.

예를 들어, RIT(Rochester Institute of Technology)의 New Media Design 전공은 UI/UX, 인터랙티브 디자인, 모션 그래픽, 그리고 3D 모델링을 커리큘럼에 포함시키며 시각과 기술 능력을 동시에 갖춘 융합형 디자이너를

양성한다.

또한 Woodbury University는 전통적인 시각 디자인 전공을 'Experience Design'으로 명칭을 바꾸며, 커뮤니케이션 디자인, 제품 디자인, UX/UI, 모션 디자인, 환경 디자인 등을 통합한 교육을 제공하고 있다.

CIIT(College of Arts and Technology)는 'Multimedia Arts' 전공 안에 Digital Graphics Design, 3D Visualization, Video & Motion Graphics 등의 과정을 구성함으로써 이미 실무 흐름에 맞춘 융합 커리큘럼을 구축했다.

이처럼, 교육 현장에서 주요 기관들이 명확하게 2D와 3D를 넘나드는 역량을 교육의 주축으로 삼고 있다는 사실은 곧 현실과 실무의 요구 사항이자 디자이너가 미래를 대비해야 할 로드맵임을 의미한다.

참고문헌

UX툴즈. https://www.uxtools.co
CIIT. https://www.ciit.edu.ph
RIT. https://www.rit.edu
SuperAGI.
https://superagi.com/future-of-3d-modeling-trends-and-innovations-in-ai-powered-3d-model-generators-for-2025-and-beyond
Woodbury University. https://woodbury.edu

07
브랜딩과 스타일링 툴

브랜드는 더 이상 대규모 광고 캠페인에만 의존하지 않고, 소비자의 맥락에 따라 미세하게 다른 메시지를 전달하며, 때로는 소비자와 함께 브랜드를 만들어 가는 협업적 방식을 택할 것이다. AI는 그 과정을 정교하게 돕지만, 최종적으로 소비자가 브랜드를 어떻게 기억할지는 여전히 사람의 감정과 경험에 달려 있다. 따라서 AI 시대에도 브랜딩의 핵심은 여전히 '사람'에 대한 이해다.

AI와 애니메이션?

브랜딩과 미디어

브랜딩은 단순히 로고나 색상을 정하는 작업이 아니라, 사용자가 특정 브랜드를 경험하며 형성하는 감정과 기억 전체를 조직하는 과정이다. 브랜드는 눈에 보이는 시각적 기호를 넘어서, 사람들의 머릿속에서 특정한 가치와 이미지로 기억된다. 그런데 이 기억과 이미지는 저절로 형성되지 않는다. 브랜드는 반드시 미디어라는 매개를 통해 사용자와 만난다.

브랜딩과 미디어의 관계는 떼려야 뗄 수 없다. 브랜드는 자기 자신을 직접 말할 수 없기에, 반드시 미디어를 통해 자신의 목소리를 낸다. 신문 광고, TV, 라디오, 영화, 그리고 오늘날의 소셜 미디어에 이르기까지, 브랜드는 언제나 미디어 환경 속에서 존재해 왔다. 소비자는 브랜드를 직접 경험하기 전에, 미디어를 통해 그 브랜드의 이미지를 먼저 접하고, 이를 바탕으로 기대와 선입견을 형성한다. 따라서 브랜딩 전략은 언제나 어떤 미디어를 통해, 어떻게 자신을 표현할 것인가와 긴밀히 연결된다.

예전(1950년대~1990년대)의 브랜딩 방식은 지금과 비교하면 매우 단순했다. 브랜드가 목소리를 내는 창구는 텔레비전 광고, 라디오, 신문과 잡지 같은 매스 미디어가 전부였기 때문이다. 따라서 전략 역시 일방적이었다. 나이키의 "Just Do It"이라는 슬로건이 대표적이다. 이 문구는 단순하지만 반복적으로 노출되며 전 세계인의 뇌리에 각인되었다. 코카콜라의 "Always Coca-Cola" 같은 글로벌 캠페인 역시 마찬가지였다. 브랜드가 일방적으로 대중을 향해 강렬한 메시지를 퍼뜨리고, 대중은 이를 수동적으로 받아들이는 구조였다. 이를 흔히 미디어 1.0 시대라고 부른다. 이 시기의 핵심은 메시지를 얼마나 강력하게, 얼마나 자주 반복적으로 전달하느냐에 있었다. 소비자와 대화보다는 소비자의 머릿속에 특정 이미지를 '주입'하는 것이 더 중요했던 것이다.

하지만 인터넷이 등장하면서(1990년대~2000년대) 판도가 바뀌었다. 소비자가 단순히 메시지를 듣는 존재에서 벗어나, 직접 의견을 내고 브랜드와 상호작용할 수 있게 된 것이다. 홈페이지, 이메일, 온라인 포럼, 블로그 같은 채널은 소비자와 브랜드가 직접 연결되는 통로였다. 예를 들어 델(Dell)의 'IdeaStorm'은 고객이 제품 개선 아이디어를 직접 올리고 다른 사람과 투표를 할 수 있는 플랫폼이었다. 이는 단순한 홍보가 아니라, 소비자의 목소리를 제품 개발에 반영하는 새로운 브랜딩 방식이었다. 이른바 미디어 2.0 시대다. 브랜드는 메시지를 일방적으로 뿌리는 것이 아니라, 커뮤니티를 관리하고 피드백을 수용하며, 소비자와 '관계'를 맺어야 했다. 당시 많은 기업들이 온라인 고객센터와 커뮤니티 운영을 중요한 브랜딩 전략으로 삼았고, "브랜드는 소통한다"는 인식이 확산되기 시작했다.

오늘날(2000년대 이후) 우리가 살아가는 환경은 여기서 한 걸음 더 나아가 있다. 인스타그램, 유튜브, 틱톡과 같은 소셜 미디어는 소비자를 단순한 수용자가 아니라 콘텐츠 생산자이자 브랜드 공동 창작자로 만들었다. 브랜드의 메시지는 이제 소비자에 의해 다시 해석되고, 공유되며, 때로는 변형되어 새로운 의미로 확산된다. 예를 들어 스타벅스의 #RedCupContest 캠페인은 소비자가 직접 빨간 컵 사진을 찍어 올리며 자발적으로 참여하게 만들었다. 이는 브랜드가 콘텐츠를 만들고 소비자가 수용하는 것이 아니라, 소비자가 브랜드 콘텐츠의 공동 제작자가 된 대표적 사례다. 나이키 역시 러닝 앱 'Nike Run Club'을 통해 소비자가 자신의 운동 기록을 공유하도록 장려하면서, 브랜드 경험을 함께 만들어 가는 방식을 보여주었다.

이러한 변화를 미디어 3.0 시대라고 부른다. 이 시대의 핵심은 '참여'다. 브랜드는 이제 단순히 광고를 제작하는 주체가 아니라, 소비자가 참여할 수 있는 무대를 제공하는 존재가 되어야 한다. 해시태그 캠페인, 챌린지, 사용자 제작 콘텐츠(UGC, User Generated Content)가 중요한 이유가 바로 여기에 있다. 소비자가 참여할수록 브랜드에 대한 소속감과 몰입감이 커지고, 그 자체가 또 다른 홍보 효과로 이어진다. 디자이너는 이 시대에 단순히 브랜드의 시각적 정체성을 만드는 데서 그치지 않고, 소비자가 브랜드 경험에 참여하고 공유할 수 있는 미디어적 장치를 설계해야 하는 도전에 직면한 것이다.

이제 우리는 새로운 국면에 들어서고 있다. 흔히 미디어 4.0, 혹은 AI 시대의 미디어라 부를 수 있는 시점이다. 지금까지의 미디어가 '일방향→쌍방향→참여형'으로 발전해 왔다면, AI는 브랜드와 소비자 사이의 접점을 한 단계 더 정교하게 만들어 줄 것이다. 핵심은 개인화(personalization)와 실시간성(real-time)이다.

AI는 방대한 데이터를 분석해, 각 개인에게 최적화된 브랜드 경험을 제공할 수 있다. 예를 들어, 소비자의 온라인 행동 패턴과 구매 이력, 심지어는 사용자가 좋아요를 누른 이미지의 분위기까지 분석해, 거기에 맞는 맞춤형 광고와 콘텐츠, 심지어 시각적 디자인을 즉시 생성한다. 실제로 넷플릭스는 개인의 시청 이력을 분석해 영화와 드라마 포스터의 디자인을 다르게 노출한다. 어떤 사용자에게는 배우의 얼굴을 크게 보여주고, 다른 사용자에게는 액션 장면을 전면에 배치하는 식이다. 이는 같은 작품이라도 소비자가 접하는 브랜드 이미지가 다르게 구성될 수 있음을 보여준다.

또한 AI는 새로운 미디어 형식을 만들어 내고 있다. 가상 인플루언서가 대표적이다. 브라질의 '루 도 마갈루(Lu do Magalu)'는 이미 수백만 명의 팔로워를 가진 가상 인플루언서로, 브랜드 홍보와 콘텐츠 제작에 적극 활용되고 있다. 과거라면 연예인이나 모델을 기용해야 했지만, 이제는 AI가 만들어 낸 캐릭터가 브랜드의 얼굴이 되고 있는 것이다. 더 나아가 고객 서비스 영역에서는 AI 챗봇이 브랜드와 소비자 사이의 첫 접점을 차지하고 있으며, 소비자는 이를 통해 브랜드의 친절함이나 전문성을 경험하게 된다. 이처럼 AI는 브랜드를 24시간 응답하는 존재로 만들고 있다.

하지만 중요한 것은, 이러한 변화 속에서도 브랜딩의 본질은 변하지 않는다는 점이다. 시대와 미디어가 달라져도 브랜드의 목표는 언제나 같다. 사용자가 브랜드를 신뢰하고, 일관된 경험 속에서 긍정적인 기억을 갖게 하는 것. 과거에는 "Just Do It" 같은 슬로건이 그 역할을 했고, 현재는 소셜 미디어 캠페인과 해시태그 챌린지가 같은 기능을 한다. 미래에는 AI 기반 개인화 서비스가 그 자리를 이어받을 것이다. 결국 수단은 변해도 본질은 변하지 않는다.

변하는 것은 전략이다. 미디어 4.0 시대의 브랜딩은 자동화된 콘텐츠 제작과 데이터 기반 예측, 그리고 초개인화된 경험 제공을 중심으로 전개될 것이다. 브랜드는 더 이상 대규모 광고 캠페인에만 의존하지 않고, 소비자의 맥락에 따라 미세하게 다른 메시지를 전달하며, 때로는 소비자와 함께 브랜드를 만들어 가는 협업적 방식을 택할 것이다. AI는 그 과정을 정교하게 돕지만, 최종적으로 소비자가 브랜드를 어떻게 기억할지는 여전히 사람의 감정과 경험에 달려 있다. 따라서 AI 시대에도 브랜딩의 핵심은 여전히 사람에 대한 이해다.

스타일링 툴의 역할

브랜드가 사용자에게 신뢰를 주고 기억에 남기 위해서는 언제 어디서나 같은 목소리로 이야기하는 것이 중요하다. 같은 메시지라도 어떤 색으로 표현되는지, 어떤 글꼴로 쓰이는지, 어떤 분위기의 이미지를 곁들이는지에 따라 전해지는 감정은 크게 달라진다. 따라서 스타일링의 역할은 단순히 겉모습을 꾸미는 데 있지 않다. 브랜드가 지향하는 가치와 성격을 시각적인 언어로 번역하여 사용자에게 전달하는 과정, 이것이 바로 스타일링의 본질이다.

예를 들어 금융 서비스 브랜드라면 안정감과 신뢰를 주기 위해 차분한 블루 톤과 단단한 세리프 서체를 선택하는 경우가 많다. 반대로 활기찬 이미지를 내세우는 라이프스타일 브랜드라면 따뜻한 오렌지나 생기 있는 그린을 쓰고, 둥글고 가벼운 산세리프 글꼴을 활용해 친근함을 강조한다. 이처럼 색과 글꼴 같은 기본적인 요소만으로도 사용자가 브랜드를 받아들이는 분위기와 감정은 크게 달라진다. 결국 스타일링 과정은 브랜드의 성격을 시각적 언어로 풀어내고, 이를 통해 사용자 경험의 일관성을 확보하는 핵심 장치라고 할 수 있다.

스타일링 툴의 종류는 색상, 타이포그래피, 톤 앤 매너, 로고 이렇게 크게 4가지로 나뉜다. 색상 팔레트 툴인 쿨러(Coolors)나 크로마(Khroma)를 사용하면 수많은 색 조합이 자동으로 제안되기 때문에, 브랜드의 성격에 맞는 팔레트를 찾는 과정이 크게 단축된다. 타이포그래피 관리 툴인 구글 폰트(Google Fonts)나 어도비 폰트(Adobe Fonts)를 이용하면 브라우저 환경에서 다양한 글꼴을 바로 시뮬레이션할 수 있어, 브랜드 메시지가 어떤 톤으로 전달될지를 빠르게 확인할 수 있다. 또 캔바(Canva)나 어도비 익스프레스(Adobe Express) 같은 이미지 스타일링 툴은 사진이나 일러스트에 동일한 필터와 효과를 적용해 주어, 다양한 채널에 걸쳐 브랜드 시각 언어의 일관성을 유지하도록 돕는다. 마지막으로 루카(Looka), 브랜드마크(Brandmark) 같은 AI로고 생성 플랫폼은 브랜드명과 몇 가지 키워드만 입력하면 수십 개의 로고 시안을 단 몇 초 만에 제안한다. 자세한 툴의 활용법은 다음 장에서 다룰 예정이다.

스타일링 툴을 활용하는 가장 큰 이유는 일관성이다. 사실 효율성이 높아서 활용한다고 생각할 수 있지만, 일관성이 무너진 스타일링은 효과성도 효율성도 보장되지 않기 때문에 일관성이 더 중요한 목적이다. 브랜드 키워드가 정해지면 툴은 그 키워드를 시각적으로 풀어낼 수 있는 색상 조합이나 서체, 이미지 톤을 한꺼번에 제안한다. 예를 들어 '지속가능성'이라는 키워드가 중심에 있다면 툴은 자연을 연상시키는 녹색 계열을 우선적으로 보여주고, 메시지를 차분하게 전달할 수 있는 글꼴을 함께 추천한다. 이런 식으로 키워드와 맞는 요소들이 묶여 나오니, 여러 툴을 동시에 쓰더라도 결과물은 같은 콘셉트 안에서 정리되며, 브랜드가 내고자 하는 목소리가 흔들리지 않는다.

여기서 중요한 점은 툴 자체가 일관성을 보장해 주는 것이 아니라, 처음에 정한 브랜드 키워드를 툴이 충실히 시각화해 주기 때문에 일관성이 유지된다는 사실이다. 따라서 브랜드를 스타일링 할 때에는 툴 자체보다도 브랜드 키워드를 얼마나 명확하게 설정하는가가 더 중요할 수 있다. 키워드가 선명해야 툴이 그 키워드를 충실히 시각화하고, 결과적으로 소비자가 어디서 브랜드를 만나든 일관된 인상을 받을 수 있다. 결국 스타일링 툴은 단순한 작업 보조 도구가 아니라, 브랜드가 일관된 목소리를 유지하도록 도와주는 조율자이자 번역기라고 할 수 있다.

역할 별 주요 툴의 활용법

브랜딩과 스타일링을 위해 실무에서는 색상 팔레트 툴, 타이포그래피 관리 툴, 이미지 스타일링 툴과 같이 다양한 도구들이 적극적으로 활용되고 있다. 그렇다면 왜 디자이너가 직접 색을 고르고 글꼴을 조합하는 것보다 이러한 툴을 활용하는 것이 더 유리할까? 첫 번째로 가장 큰 이유는 속도와 객관성이다. 디자이너가 손으로 하나하나 조합을 시도하다 보면 시간이 오래 걸리고, 감각에만 의존하기 때문에 누락되거나 편향된 선택을 할 위험이 있다. 반면 툴은 수천, 수만 가지 조합을 빠르게 보여주고, 그 과정에서 색채 심리나 접근성 기준 같은 요소를 자동으로 검증해 준다. 예를 들어 어도비 컬러(Adobe Color)는 단순히 예쁜 색을 보여주는 것이 아니라, 색맹 사용자에게 어떻게 보일지까지 분석해 대비가 충분한지 검토해 준다. 이는 디자이너가 혼자서 일일이 검증하기 어려운 영역이다.

두 번째 이유는 일관성이다. 브랜드는 다양한 접점－웹사이트, 모바일 앱, 인쇄물, 소셜 미디어－을 통해 사용자와 만난다. 툴을 사용하면 한 번 정해진 팔레트나 글꼴 세트를 그대로 여러 툴에 연동해 사용할 수 있기 때문에, 결과물이 서로 다른 팀원에 의해 제작되더라도 같은 목소리를 내게 된다. 예를 들어 쿨러(Coolors)에서 만든 팔레트를 피그마에 가져와 UI 화면을 제작하고, 동시에 캔바(Canva)에서 SNS 콘텐츠를 제작할 때 그대로 적용하면, 온라인과 오프라인의 결과물이 자연스럽게 같은 톤을 유지한다.

색상 팔레트 툴

쿨러는 화면에서 스페이스바를 누를 때마다 새로운 색상 조합을 자동으로 생성해 준다. 마음에 드는 색이 나오면 자물쇠 아이콘으로 해당 색을 고정하고, 나머지 색을 새롭게 갱신할 수 있다. 이렇게 하면 브랜드 키워드에 맞는 핵심 색상을 중심으로 조화를 이루는 팔레트를 탐색할 수 있다. 또한 생성된 팔레트는 HEX, RGB, CMYK 값으로 바로 추출할 수 있어 웹디자인은 물론 인쇄물에도 동일하게 적용할 수 있다.

크로마는 접근 방식이 조금 다르다. 사용자가 좋아하는 색을 몇 가지 고르면, AI가 그 데이터를 학습해 선호도에 맞는 팔레트를 자동으로 제안한다. 예를 들어 '지속가능성'을 키워드로 삼아 초록색 계열을 선택하면, 크로마는 자연스러운 보조 색상과 대비 색을 함께 조합해 보여준다. 덕분에 디자이너는 자신의 브랜드 키워드와 감각을 기반으로 수백 가지 팔레트를 빠르게 시각화할 수 있고, 이를 바로 다른 디자인 툴에서 활용할 수 있다.

어도비 컬러는 조금 더 전문적인 접근을 제공한다. 단순히 색을 뽑아내는 것을 넘어, 보색 · 삼각 조합 · 사각 조합 같은 색채 이론을 기반으로 팔레트를 만들 수 있고, 업로드한 이미지에서 주요 색상을 자동으로 추출해 브랜드 무드에 맞는 팔레트를 생성하기도 한다. 또한 어도비 크리에이티브 클라우드(Adobe Creative Cloud)와 연동되기 때문에, 일러스트레이터나 포토샵에서 작업할 때 바로 팔레트를 불러와 사용할 수 있다는 점은 실무 디자이너에게 특히 강력한 장점이다. 색상 대비 분석 기능을 통해 접근성까지 확인할 수 있어, 시각 장애인이나 색각 이상자를 고려해야 하는 프로젝트에서 더욱 유용하다.

타이포그래피 관리 툴

브랜딩에서 색만큼이나 중요한 요소가 글꼴이다. 같은 문장이라도 어떤 서체를 쓰느냐에 따라 독자가 받는 인상은 크게 달라진다. 세리프 서체는 전통적이고 신뢰감을 주는 반면, 산세리프 서체는 현대적이고 간결하며, 손글씨 느낌의 폰트는 친근함과 개성을 강조한다. 이런 선택을 직관적으로 검토할 수 있도록 돕는 것이 바로 타이포그래피 관리 툴이다. 구글 폰트는 웹 환경에서 수천 가지 글꼴을 바로 적용해 볼 수 있는 무료 플랫폼이다. 사용자가 원하는 문구를 입력하면 다양한 서체로 실시간 미리보기가 가능해, 브랜드 메시지가 어떤 어조와 감정으로 전달될지를 쉽게 확인할 수 있다. 어도비 폰트는 크리에이티브 클라우드와 연동되어, 일러스트레이터나 인디자인(InDesign) 같은 디자인 툴에서 바로 사용할 수 있다는 점이 강점이다. 폰트를 직접 내려받아 설치하는 수고가 필요 없고, 팀원 간 공유도 손쉽게 이루어진다. 특히 브랜드 가이드라인에 정한 글꼴 세트를 한 번 등록해 두면, 온라인과 오프라인 어디에서든 동일한 서체를 사용할 수 있어, 브랜드가 내는 목소리가 흔들리지 않는다.

이미지 스타일링 툴

브랜드의 시각 언어를 완성하는 마지막 요소는 이미지의 톤과 매너다. 같은 제품 사진이라도 채도가 낮고 차분한 톤을 쓰면 고급스럽게 느껴지고, 밝고 선명한 톤을 쓰면 활기차고 대중적인 인상을 준다. 이러한 톤 앤 매너를 여러 채널에서 동일하게 유지하는 것은 생각보다 쉽지 않다. 이때 도움이 되는 것이 이미지 스타일링 툴이다.

캔바는 직관적인 편집 환경을 통해 누구나 손쉽게 사진과 그래픽을 편집할 수 있게 해주며, 미리 설정된 템플릿과 필터를 사용하면 브랜드의 톤 앤 매너를 쉽게 유지할 수 있다. 예를 들어 인스타그램 카드뉴스, 유튜브 섬네일, 프레젠테이션 슬라이드를 모두 같은 톤으로 제작할 수 있다. 어도비 익스프레스는 더 전문적인 효과와 고급 필터를 제공하며, 어도비의 다른 툴과 연동된다는 장점이 있다. 이미지를 불러와 특정 필터를 적용하면, 다른 프로젝트에서도 동일한 필터를 불러와 반복 적용할 수 있어, 브랜드의 시각 언어를 체계적으로 관리할 수 있다.

로고제작 툴

브랜딩에서 로고는 가장 직관적으로 브랜드를 인식하게 만드는 상징이다. 한눈에 들어오는 형태와 색, 글꼴은 사용자가 브랜드를 기억하는 핵심 단서가 된다. 그러나 로고 디자인은 보통 많은 시간과 반복적인 시안을 필요로 한다. 이때 아이디어를 빠르게 탐색할 수 있도록 돕는 것이 바로 로고 제작 툴이다.

루카(Looka)와 브랜드마크(Brandmark) 같은 AI 기반 플랫폼은 브랜드명과 몇 가지 키워드만 입력하면 수십 개의 로고 시안을 단 몇 초 만에 제안한다. 이 과정에서 색상, 글꼴, 아이콘 조합이 자동으로 구성되기 때문에, 디자이너는 여러 방향성을 손쉽게 비교하고 클라이언트와 토론할 수 있다. 다만 생성된 로고는 범용적인 느낌을 주는 경우가 많아, 최종 단계에서는 여전히 디자이너의 세밀한 손길이 필요하다. 따라서 로고 제작 툴은 아이디어 발산과 초기 콘셉트 탐색 단계에서 활용하면 효과적이며, 이후 전문 디자인 툴에서 차별성과 완성도를 높여가는 것이 바람직하다.

참고문헌

구글 폰트(Google Fonts). https://fonts.google.com
김은비(2024.10.24). "캔바, AI와 업무도구 대폭 업그레이드". GTT

KOREA.
https://www.gttkorea.com/news/articleView.html?idxno=14214
루카. https://looka.com
브랜드마크. https://brandmark.io
어도비 익스프레스. https://www.adobe.com/express
어도비 컬러. https://color.adobe.com
어도비 폰트. https://fonts.adobe.com
캔바. https://www.canva.com
크로마. https://khroma.co
쿨러. https://coolors.co

08
툴의 통합과 워크플로 자동화

디자이너는 더 이상 "시안을 만드는 사람"에 머물지 않고, 초기 기획 단계에서 문제를 정의하고, 출시 후에도 사용자 반응을 분석해 "개선안을 도출하는 역할"을 맡는다. 이런 이유 때문에 툴을 통합적으로 쓰는 것은 이제 선택이 아니라 필수에 가깝다. 중요한 것은 개별 툴의 기능을 하나하나 강화하는 게 아니라, 여러 툴이 끊기지 않고 한 줄기의 흐름처럼 이어지도록 미리 구조를 짜 두는 것이다.

AI와 인재 채용?

툴의 통합적 사용의 필요성

이제 단순히 화면을 예쁘게 그리는 디자이너는 시장에서 점점 설 자리를 잃고 있다. 반복적이고 단순한 디자인 작업은 AI 툴이 훨씬 빠르고 정교하게 처리해 주기 때문이다. 디자이너로서 커리어를 확장하거나 고도화하고 싶다면, 단순 제작을 넘어서는 제너럴리스트의 역량이 필요하다. 기획 단계에서 문제를 정의하고, 서비스 전반의 경험을 설계하며, 브랜드 아이덴티티와 마케팅까지 아우르는 폭넓은 시야를 가져야 한다. 사실 이러한 흐름은 디자인에만 해당되는 것이 아니다. 데이터 분석가, 마케터, 개발자 등 다른 직업군 역시 단순 업무는 자동화·AI에 의해 대체되고, 고도화된 기획·분석·전략적 사고 역량이 요구되고 있다.

따라서 오늘날의 디자이너는 하나의 툴만 잘 다루는 것으로는 충분하지 않다. 아이디어 발산을 위한 협업 툴, UI 설계와 프로토타이핑 툴, 브랜딩과 스타일링 툴, 마케팅과 커뮤니케이션 툴을 상황에 맞게 선택하고 연결해야 한다. 툴의 개수가 늘어나는 것은 피할 수 없는 현실이지만, 중요한 것은 각각의 툴을 어떻게 통합적인 흐름 속에 배치하느냐다. 이렇게 툴이 많아질수록 흐름의 단절은 불가피해지고, 작은 오류나 중복 작업이 전체 프로젝트의 속도를 늦추는 주요 요인이 된다. 따라서 다양한 툴을 통합적으로 활용해 보고 그러한 프로세스에 숙련되어야 한다.

서비스 디자인의 경우, 기획 단계에서는 팀과 아이디어를 시각적으로 정리할 수 있는 협업 툴(FigJam, Miro)이 필요하고, 화면 설계와 프로토타이핑은 피그마나 프로토파이에서 진행된다. 브랜딩과 스타일링은 일러스트레이터, 포토샵 같은 전문 그래픽 툴을 거쳐야 하고, 마케팅 콘텐츠 제작에는 캔바나 어도비 익스프레스가 요구된다. 여기에 기획 · 마케팅 · 개발팀과의 소통을 위해 노션, 슬랙, 지라(Jira) 같은 협업 툴도 필수적이다.

또한 디자이너 개인의 업무 역량 뿐 아니라 동료들과의 협업도 고려해야 한다. 시장과 조직의 변화도 통합의 필요성을 높인다. 과거에는 기획자-디자이너-개발자가 뚜렷하게 분리된 선형 구조였다면, 지금은 애자일과 스프린트 체계 속에서 동시에 협업하는 구조가 일반화되고 있다. 디자이너는 더 이상 "시안을 만드는 사람"에 머물지 않고, 초기 기획 단계에서 문제를 정의하고, 출시 후에도 사용자 반응을 분석해 개선안을 도출하는 역할을 맡는다. 즉, 업무 범위와 책임이 확장되면서 툴 간 연결성을 고려한 전체 프로세스 설계 능력이 디자이너의 핵심 역량 중 하나가 되고 있는 것이다.

이런 이유 때문에 툴을 통합적으로 쓰는 것은 이제 선택이 아니라 필수에 가깝다. 중요한 것은 개별 툴의 기능을 하나하나 강화하는 게 아니라, 여러 툴이 끊기지 않고 한 줄기의 흐름처럼 이어지도록 미리 구조를 짜 두는 것이다. 예를 들어 건축 · 엔지니어링 분야에서는 모델링 툴(Allplan)과 공용 데이터 환경(CDE, Bimplus)을 함께 묶어, 모든 사람이 같은 데이터를 보고 수정할 수 있게 만들었다. 이렇게 하면 누군가가 모델을 바꾸면 그 내용이 바로 전체 작업 흐름에 반영되고, 이슈나 변경 관리도 같은 체계 안에서 처리할 수 있다. 결과적으로 불필요한 작업과 오류가 줄어들어 협업 속도가 빨라지고 외부 상황에도 효과적으로 대응할 수 있게 된다.

시각 디자인 분야에서도 비슷한 방식이 이미 쓰이고 있다. 어도비 라이브러리(Adobe Creative Cloud Libraries)가 대표적이다. 색, 글꼴, 아이콘 같은 핵심 자산을 한 곳에 모아 두면, 포토샵 · 일러스트레이터 · 인디자인 · 익스프레스 등 어떤 프로그램에서든 똑같이 불러와 쓸 수 있다. 누군가가 색상을 한 번 바꾸면, 연결된 모든 툴에서 그 변경이 자동으로 적용된다. 덕분에 작업 속도가 빨라지고, 결과물이 매번 달라지는 불일치 문제도 예방할 수 있다.

바로 이 지점에서 툴을 통합적으로 사용하는 것의 필요성이 강조된다. 여러 툴이 각자 뛰어난 기능을 가지고 있더라도, 이들이 단절된 채 쓰인다면 업무 속도는 느려지고 일관성도 유지하기 어렵다. 따라서 중요한 것은 툴의 개수가 아니라, 툴과 데이터가 하나의 흐름으로 이어지도록 미리 설계하는 것이다. 물론 현실은 이상적이지 않다. 실제로 업무를 진행할 때 툴이 너무 많으면 이는 선택 비용과 호환성 문제를 키울 수 있다. 따라서 통합은 추상적인 구호가 아니라, 실제 마찰을 줄이고 효율을 높이기 위한 구체적인 설계 과제다.

워크플로 자동화의 등장

툴의 통합이 디자이너의 업무 효율을 높여주었다면, 이제는 그 다음 단계로 워크플로 자동화를 논의할 필요가 있다. 자동화란 단순히 반복 작업을 줄여주는 보조 기능이 아니라, 디자이너가 전략적 사고와 창의적 문제 해결에 더 많은 시간을 쓸 수 있도록 해 주는 기술적 기반이다.

디자인 실무에는 생각보다 반복적이고 시간이 많이 드는 작업이 많다. 완성된 디자인을 다양한 해상도와 비율로 리사이징 하는 일, 동일한 자산을 여러 플랫폼에 맞게 정리 · 배포하는 일, 디자인 시스템의 업데이트 내용을 팀 전체에 공지하고 반영하는 일은 창의성과는 거리가 멀지만 반드시 필요한 과정이다. 이러한 작업이 수작업으로 남아 있으면 프로젝트 속도가 늦어지고, 작은 실수가 전체 결과물의 불일치로 이어지기 쉽다.

최근 연구에서도 설계 · 문서화 · 조정 단계의 반복 작업을 자동화하면 효율, 정확성, 협업, 품질, 납기가 동시에 개선된다고 보고하고 있다. 연구에서 말하는 설계 · 문서화 · 조정 자동화는 각각 다른 지점을 겨냥한다. 설계 단계에서는 표준화된 규칙이나 파라미터를 바탕으로 반복 요소를 자동 배치하거나, 변경 사항을 연관 도면과 모델에 동기화해 수작업을 줄이는 것을 뜻한다. 문서화 단계에서는 도면 · 사양서 · 체크리스트 같은 산출물을 템플릿으로 정의해 한 번의 변경이 모든 문서에 일괄 반영되도록 하고, 버전과 이력을 시스템이 관리한다. 조정 단계에서는 이슈 등록→담당 배정→상태 변경→완료 보고의 흐름을 자동화해 부서 간 커뮤니케이션 지연을 줄인다. 이와 같은 자동화가 적용되면 효율과 생산성이 높아지고, 데이터 정확성이 유지되며, 협업 신호가 끊기지 않고, 오류와 재작업이 줄어 결과적으로 납기가 단축된다고 보고한다. 즉, 속도 · 정확성 · 협업 · 품질 · 납기의 다섯 축이 동시에 개선되는 경향이 관찰된 것이다. 이러한 결론은 스마트 빌딩 설계 사례를 토대로 도출되었지만, 자동화의 메커니즘 자체는 설계 산업 전반에 적용 가능한 일반 원리로 제시된다(Kimberly Jane, 2024).

이 원리를 디자인 실무에 그대로 옮기면 그림이 선명해진다. 예를 들어 디자인 시스템에서 버튼 토큰을 수정하면, 토큰을 참조하는 컴포넌트와 화면 시안이 자동으로 갱신되고, 산출 문서(가이드 · 스펙)도 같은 소스에서 재생성되며, 변경 이슈가 담당자에게 자동 배정되는 식의 흐름을 만들 수 있다. 이미지 변형과 리사이징, 채널별 산출물 패키징, 접근성 점검 같은 반복 작업도 규칙과 템플릿을 정의해서 특정 흐름으로 지정해 놓을 수 있다. 자동화 흐름을 권장하는 핵심은 단순한 작업(반복 · 전달 · 기록)은 시스템이 대신 맡아 진행하고, 디자이너는 판단과 창작에 몰두하도록 시간을 재배치하는 데 있다. 이렇게 자동화된 파이프라인은 작은 실수를 줄이고, 팀 간 대기 시간을 없애며, 최종 결과물의 일관성을 시스템 차원에서 보장한다는 점에서 동일한 효과를 기대할 수 있는 것이다.

실제 사례를 보면, 피그마-슬랙 연동은 피드백 자동화를 잘 보여준다. 디자이너가 시안을 수정하면 해당 알림

이 슬랙 채널로 자동 전달되어 팀 전체가 즉시 변화를 공유한다. 캔바의 브랜드 키트 기능도 같은 원리다. 브랜드 색과 로고를 한 번 등록해 두면 수백 장의 카드뉴스와 프레젠테이션이 자동으로 같은 톤 앤 매너를 따르게 된다.

이처럼 자동화는 디자이너의 손을 거치지 않아도 되는 반복 업무를 줄이고, 브랜드의 일관성을 시스템 차원에서 보장한다. 중요한 것은 자동화의 대상과 범위를 디자이너가 스스로 정의하는 것이다. 무엇을 규칙화하고 어디까지 시스템에 맡길지, 그리고 어떤 부분은 여전히 직접 개입해야 하는지를 구분해야 한다. 그래야만 자동화가 단순한 편리함이 아니라 창의적 사고에 더 많은 시간을 쓰게 만드는 도구가 될 수 있다.

협업과 실시간 데이터 연동

회사의 디자인 업무는 개인이 혼자서 완성하는 경우가 거의 없다. 기획자, 디자이너, 개발자, 마케터가 동시에 참여해 같은 목표를 향해 움직이며, 결과적으로 팀 단위의 협업이 기본이 된다. 따라서 기획 · 디자인 · 개발 · 마케팅이 동시에 같은 캔버스를 보며 의사 결정을 내려야 속도가 난다. 여기서 핵심은 모든 팀원이 같은 데이터에, 같은 순간에 접속할 수 있느냐다. 이러한 요구를 가장 설득력 있게 풀어낸 혁신적인 툴이 바로 피그마다.

피그마의 최대 강점은 '멀티 플레이어'라 부르는 실시간 동시 편집이다. 브라우저만 열면 여러 명의 커서가 한 화면에서 움직이고, 서로의 캔버스에 수정이 즉시 반영되는 디자인 도구 최초의 라이브 협업을 구현했다. 이 기능은 "파일을 주고받는" 방식에서 "같은 문서를 함께 편집하는" 방식으로 패러다임을 바꾸어 디자인을 사실상 구글 문서처럼 만들었다고 평가된다(Evan Wallace, 2019).

피그마가 빠르게 확산된 두 번째 이유는 웹 기반·크로스 플랫폼 전략이다. 번거롭게 프로그램을 설치하고 주기적으로 업데이트해야 하며, 운영 체제별 발생하는 제약을 모두 없애고, 피그마 웹 링크 하나로 이해 관계자 모두를 같은 화면으로 끌어들였다. 이는 과거 "버전 관리 지옥"을 겪던 팀에게 명확한 해법을 줬다. 즉, 디자이너가 각자 파일을 쪼개 작업하던 워크플로를, 모든 사람이 한 공간에서 동시 편집하고 코멘트하는 흐름으로 바꾸면서 협업의 마찰을 크게 낮춘 것이다.

세 번째 축은 플랫폼화다. 2019년 다양한 플러그인 공개로 반복 작업 자동화와 워크플로 확장을 누구나 누릴 수 있도록 배포하였고, 2020년에는 커뮤니티 공개로 디자인 시스템과 디자인 소스를 전 세계가 공유할 수 있게 했다. 덕분에 사용자는 백지 캔버스에서 그림을 그리는 것이 아닌, 빠르고 완성도 있게 디자인 구성 요소를 조합할 수 있고 효과적으로 디자인을 수행할 수 있게 되었다.

네 번째로, 단순 디자인 제작이 아닌 디자인 전후 과정을 모두 흡수했다. 브레인스토밍과 서비스 플로차트를 그리며 기획할 수 있고, 디자인 작업 후 개발자나 관리자에게 결과물을 전달하고 피드백 받는 과정까지 기능을 확장하였다.

결과적으로 피그마는 실시간 협업→편리한 웹기반 사용→플러그인 · 커뮤니티 생태계→제품 전 과정 연결로 성장 동력을 만들었다. 실시간 협업과 데이터 동기화를 중심으로 한 플랫폼으로, 앞으로도 디자인 툴이 어떤 방식으로 발전할지를 잘 보여주는 사례다. 결국 디자인 툴은 점점 더 실시간 협업을 위한 환경으로 진화하고 있다.

과거의 도구와 여전히 대체 불가한 도구

디자인 툴의 변화를 살펴보면 미래를 예측할 수 있는 단서가 보인다. 과거 디자이너는 자, 컴퍼스, 드로잉 보드 같은 아날로그 도구로 작업을 했다. 이때의 핵심 역량은 손의 숙련도와 정확한 제도 기술이었다. 이후 CAD와 포토샵 같은 디지털 툴이 등장하면서 제작 속도와 정확성이 크게 향상되었고, 디자이너는 더 이상 '선을 곧게 긋는 능력'보다는 '문제를 해석하고 다양한 해결안을 시각화하는 능력'을 요구받게 되었다. 즉, 도구의 변화는 언제나 디자이너의 역량 정의와 역할 변화를 동반해 왔다.

AI 툴도 같은 맥락에서 이해할 수 있다. AI는 단순 반복과 조합의 영역을 빠르게 흡수하고 있으며, 아이디어 탐색과 시각화 과정까지 자동화하고 있다. 따라서 디자이너는 단순 제작을 넘어, AI가 제안한 수많은 가능성을 평가하고, 그중 어떤 것이 브랜드 맥락과 사용자 경험에 적합한지를 선별하는 능력을 갖추어야 한다. 이는 과거 디지털 툴 도입기에 '손기술'에서 '문제 해결력'으로 무게 중심이 옮겨간 것과 닮아 있다.

하지만 모든 도구가 그렇듯 AI가 대체할 수 없는 영역도 분명히 존재한다. 특히 아날로그 도구를 활용하는 행위는 단순히 결과물을 만들어 내는 수단이 아니라, 인간의 몸과 감각, 그리고 집단적 상호작용을 자극함으로써 새로운 아이디어가 '튀어나오는' 순간을 가능하게 한다.

예를 들어 스케치북에 손으로 그림을 그리는 과정은 뇌 과학적으로 운동 피질과 시각 피질이 동시에 활성화되는 행위다. 단순히 눈으로 상상하는 것보다 손의 움직임과 시각적 피드백이 맞물릴 때 뇌는 더 많은 연상 작용을 일으킨다(Stephen M. Kosslyn, 1994). 심리학에서는 이를 외부화된 사고(Externalized Thinking)라고 부르며, 머릿속 생각을 바깥으로 꺼내 시각적 · 물리적으로 재배치하는 과정에서 새로운 연결이 생긴다고 설명한다. 실제로 디자인 싱킹 교육에서 "생각을 글이나 그림으로 바로 적어라"라는 원칙을 강조하는 이유도 여기에 있다.

화이트보드와 포스트잇을 활용한 협업 역시 단순히 아이디어를 기록하는 수준을 넘어선다. 여러 사람이 동시에 움직이며 의견을 붙였다 떼는 과정은, 집단 지성 연구에서 말하는 공동주의(Shared Attention)를 형성한다. MIT의 협업 연구에 따르면, 사람들은 같은 물체를 바라보고 직접 손으로 다룰 때 사고의 집중도가 높아지고, 새로운 관점이 더 쉽게 표출된다고 한다. 다시 말해, 디지털 화면에서 마우스로 클릭하는 것보다 물리적인 대상에 손을 대고 옮기는 행위 자체가 아이디어의 흐름을 촉진하는 것이다. 대표적인 사례가 IDEO의 프로토타이핑 문화다. IDEO는 세계적인 디자인 컨설팅 회사로, 복잡한 문제를 해결할 때도 반드시 물리적 프로토타입을 만든다. 종이, 골판지, 테이프, 플라스틱 블록 같은 단순한 재료로 빠르게 모형을 만들어 보는 과정에서, 팀원들은 아이디어를 손으로 만지고 직접 움직이며 새로운 관점을 발견한다. IDEO의 디자이너들은 “책상 위에서 아이디어를 논의하는 것보다, 직접 눈앞에서 만져볼 수 있을 때 훨씬 더 빠르고 풍부한 대화가 이루어진다”고 말한다. 이는 디지털 시뮬레이션이 제공하지 못하는 촉각적 피드백과 즉흥성 덕분이다. 작은 모형이라도 공간감과 비율을 실제로 느낄 수 있기 때문에, 추상적인 아이디어가 구체적인 형태로 발전하는 속도가 빨라진다.

또한 종이를 직접 다루며 크기와 무게, 질감을 경험하는 것은 공간적 사고를 자극한다. 인지과학 연구에 따르면, 인간은 머릿속에서 추상적 개념을 다룰 때도 신체 감각을 적극적으로 활용한다. 이를 체화된 인지(Embodied Cognition)라고 하는데, 예컨대 두꺼운 종이를 손에 쥐고 구성해 보면 ‘안정감’이라는 개념이 더 구체적으로 느껴지고, 작은 모형을 여러 개 조립하면서 ‘확장성’이라는 개념이 더 쉽게 이해된다. 디지털 툴은 시각적으로는 빠르고 정확하지만, 이런 촉각적 · 공간적 자극을 주는 데에는 한계가 있다.

이런 이유로 아날로그 툴은 단순히 낡은 방식의 잔존물이 아니라 디지털이나 AI 툴이 제공하지 못하는 인지적 자극을 보완하는 창의성 촉매제라고 볼 수 있다. AI가 빠른 연산으로 수백 개의 옵션을 제시할 수는 있지만, 스케치 과정에서 손이 미끄러지며 나온 우연한 선, 팀 회의 중 누군가가 포스트잇을 옮기며 만든 새로운 조합 같은 순간은 여전히 인간만의 영역이다. 바로 이런 우연성과 감각적 상호작용이 창의적 돌파구를 만들어 내는 것이다.

따라서 AI와 아날로그 도구의 관계는 대체가 아니라 보완이다. AI 툴은 탐색과 실행의 속도를 극대화하지만, 아날로그 툴은 인간의 몸과 감각을 자극해 사고를 확장하게 만든다. 디자이너는 이 두 가지 도구를 넘나들며 하나는 효율성을, 다른 하나는 창의적 확장을 끌어내는 방식으로 활용해야 한다. 결국 아날로그 툴은 AI 시대에도 여전히 아이디어가 튀어나오는 물리적 공간과 순간을 제공하는 대체 불가한 역할을 하게 될 것이다.

참고문헌

이정모(2019.10.19). "뇌·몸·환경은 하나라는 강한 외침". 한겨레. https://www.hani.co.kr/arti/science/science_general/403525

Kosslyn, S. M.(1994). *Image and Brain: The Resolution of the Imagery Debate*. MIT Press.

Malone, T. W. et al.(2010). The Collective Intelligence Genome. MIT Skoan. https://sloanreview.mit.edu/article/the-collective-intelligence-genome

Zhang, J.(1997). The nature of external representations in problem solving. *Cognitive Science, 21*(2), pp.179~217.

09
AI 툴 디자인 사례

오늘날 우리가 마주한 변화는 단순한 효율 향상을 넘어, 창작과 설계의 방식 자체를 재구성하고 있다. 건축에서 제품, 패션, 예술, 그리고 UX에 이르기까지 AI는 아이디어 발산과 데이터 기반 개인화, 지역 자원 탐색, 복잡한 흐름의 자동 분석을 가능하게 하며 디자이너의 역할을 다시 묻고 있다. 이제 중요한 질문은 "AI가 무엇을 할 수 있는가"가 아니라, "AI가 제시하는 수많은 가능성 속에서 인간은 어떤 선택과 해석을 더해 창의적 가치를 만들어 낼 것인가"다.

AI와 기자?

Zaha Hadid Architects – AI 건축 설계 디자인

자하 하디드 아키텍츠(Zaha Hadid Architects, ZHA)는 국제 설계 공모전과 대형 프로젝트에서 수십 개의 대안을 짧은 시간 안에 준비해야 하는 압박을 자주 받는다. 전통적인 방식으로는 초기 아이디어를 시각화하기 위해 스케치·3D 모델링·렌더링을 순차적으로 거쳐야 했는데, 이 과정은 많은 디자이너의 손과 시간이 필요했다. 특히 '가능성이 낮은' 아이디어라도 일단 일정 수준까지 시각화하지 않으면 검토 자체가 불가능했기 때문에, 시간과 자원의 낭비가 컸다.

이 문제를 해결하기 위해 ZHA는 미드저니를 초기 설계 탐색 도구로 도입했다. 디자이너들이 프로젝트의 키워드와 기본 조건을 입력하면, 미드저니는 수십 장의 시각적 이미지를 몇 분 만에 생성했다. 이 이미지는 정교한 설계안이라기보다는 발상의 방향을 구체화한 '비주얼 콘셉트 보드' 역할을 했다. 디자이너들은 이 결과물 중 가능성이 있는 안을 선별해 다시 구체화했고, 발전 가능성이 낮은 아이디어는 초기 단계에서 과감히 배제할 수 있었다.

이 방식으로 ZHA는 초기 아이디어 탐색 단계에서 생

산성을 기존 대비 2~3배 높였다고 보고했다. 과거에는 수주 경쟁에 내기 위해 몇 주가 걸리던 초안 탐색이, 미드저니를 활용하면서 며칠 만에 끝날 수 있었던 것이다. 또한 렌더링 수준의 결과물을 만들기 전에, 클라이언트에게 빠르게 콘셉트 이미지를 보여주고 의견을 받을 수 있어 시간과 비용을 동시에 절감할 수 있었다.

결국 미드저니는 ZHA에게 "최종 설계 도구"가 아니라, 아이디어를 넓고 빠르게 탐색하는 조력자로 자리 잡았다. 비용이 높고 오랜 시간이 걸리던 '가능성 검토' 단계를 시각적 이미지로 단축시켜, 디자이너들이 더 전략적으로 리소스를 투입할 수 있도록 도운 것이다.

Reebok – AI 맞춤형 신발 디자인

스포츠 브랜드 리복(Reebok)은 AI와 3D 프린팅을 결합해 개인 맞춤형 신발 제작 실험을 진행하였다. 기존 운동화 제작 과정은 표준 사이즈를 기준으로 대량 생산하는 방식이 일반적이었고, 고객 개개인의 발 모양이나 보행 습관을 반영하기는 어려웠다. 특히 발볼이나 아치 구조가 일반 규격과 다른 고객은 불편을 겪는 경우가 많았다.

이를 해결하기 위해 리복은 AI 기반 발 모양 분석 툴을 도입했다. 사용자가 스마트폰으로 발을 촬영하면, AI가 이미지 데이터를 분석해 발 길이 · 너비 · 아치 높이 · 압력 분포 등을 추출한다. 이 데이터는 클라우드에서 즉시 처리되어, 개인별로 최적화된 3D 신발 디자인을 자동으로 생성한다. 디자인 결과물은 곧바로 3D 프린터로 출력되어, 사용자의 발에 정확히 맞는 프로토타입이 제작된다.

이 방식은 크게 두 가지 효과를 가져왔다. 첫째, 맞춤화된 핏 제공이다. 전에는 인솔이나 추가 패드로만 조정할 수 있었던 세부 차이를, AI가 신발 자체에 반영하여 사용자가 처음부터 자신에게 맞는 제품을 받도록 했다. 둘째, 제작 과정의 효율성 향상이다. 수작업 피팅과 반복적인 샘플 제작 과정을 줄여, 초기 디자인에서 실제 제품 제작까지 이어지는 시간을 단축했다.

다만 실험 초기에는 인간적 감각이 부족하다는 평가도 있었다. AI가 제안하는 디자인은 발 모양과 기능적 측면에 충실했지만, 미적 감각이나 브랜드 고유의 스타일 요소가 다소 부족하다는 피드백이 나왔다. 그럼에도 불구하고 이 사례는 신발 산업에서 AI가 데이터 기반 개인화 디자인을 실질적으로 구현할 수 있음을 보여준 중요한 시도로 평가된다.

Space10(IKEA) - AI 지역 기반 재료 탐색 지도

이케아의 리서치 랩 Space10은 인공지능을 활용해 지역별 자원 순환 가능성을 탐색하는 실험을 진행하였다. 이들이 개발한 툴은 ChatGPT 기반 인터페이스로, 사용자가 특정 도시나 지역명을 입력하면 그 지역에서 흔히 발견되는 폐기 자원과 이를 활용할 수 있는 디자인 아이디어를 자동으로 제안하는 방식이다.

이 툴은 ChatGPT가 가진 일반 지식 데이터베이스를 기반으로 작동한다. 별도의 대규모 재학습 과정을 거친 것은 아니며, 대신 프롬프트 엔지니어링을 통해 "특정 지역에서 발생하는 재료와 그것을 활용한 지속가능한 디자인 아이디어를 제안하라"는 식의 질문 템플릿을 설계해 놓았다. 사용자가 지역명을 입력하면, GPT가 학습한 데이터와 공개된 자료를 참조하여 그에 맞는 답변을 생성하는 구조다.

예를 들어 사용자가 "도쿄"를 입력하면, GPT는 도쿄에서 흔히 발생하는 목재 부산물, 플라스틱 폐기물, 식품 포장재 등을 언급하고, 이를 활용한 가구 리디자인이나 재활용 건축 자재 아이디어를 제안한다. 이런 결과물은 상호작용 가능한 지도 형태로 시각화되어, 사용자가 지역별 자원 활용 가능성을 한눈에 볼 수 있도록 구성되었다.

이 시스템의 장점은 빠른 탐색과 아이디어 발산이다. 예전에는 특정 지역의 자원 순환 가능성을 분석하기 위해 대규모 리서치와 데이터 정리가 필요했지만, GPT를 활용하면 누구나 짧은 시간에 탐색적 결과를 얻을 수 있다. 다만 GPT가 생성하는 정보는 실제 공급망, 통계 데이터, 경제적 맥락을 반영하지 못하는 한계가 있어, 현장 검증이 여전히 필요하다. Space10 역시 이 점을 인정하며, 이번 프로젝트를 AI의 잠재력을 실험적으로 보여주는 시도라고 설명했다.

Théâtre D'opéra Spatial

2022년 미국 콜로라도 주립 박람회의 미술 대회에서, "Théâtre D'opéra Spatial(우주 오페라 극장)"이라는 작품이 디지털 아트 부문 1등을 차지했다. 이 작품은 화가의 붓이나 그래픽 디자이너의 펜이 아닌, 이미지 생성 AI인 미드저니를 통해 만들어졌다.

제작자인 제이슨 앨런(Jason Allen)은 단순히 한두 번 프롬프트를 입력해 이미지를 얻은 것이 아니었다. 그는 약 624개의 프롬프트를 반복 입력하고 수정하면서 원하는 결과물에 점점 다가갔다. 미드저니는 입력된 문장을 해석해 수십 개의 후보 이미지를 만들어 내는데, 이 중 일부는 인체 비율이 틀어져 있거나, 공간 구성이 어색한 경우가 많았다. 앨런은 이 결과물을 하나하나 확인하며 문장을 조금씩 바꾸고, 특정 단어를 강조하거나 빼는 식으로 세밀한 조율을 거듭했다.

미드저니의 특성은 바로 이 "반복적 세밀 조정"에 있다. 디자이너가 직접 선을 긋거나 색을 칠하는 대신, 언어로 지시를 내리고, AI가 제시하는 수많은 결과 중에서 선별하고 개선하는 방식이다. 즉, 손의 숙련보다 언어적 상상력과 끈질긴 반복 작업이 중요한 역할을 했다. 실제로 앨런은 자신을 '창작자'라기보다 '디렉터'에 가깝다고 표현하며, "AI가 수많은 가능성을 보여주고, 나는 그중 하나를 골라 다듬어 낸 것"이라고 밝혔다.

최종적으로 완성된 'Théâtre D'opéra Spatial'은 고대 유럽풍의 극장 무대와 미래적 우주 공간이 뒤섞인 독특한 분위기를 담아내며, 심사위원단의 눈길을 끌었다. 다만 이 과정에서 작품이 AI 생성물이라는 사실이 공개되자 논란도 뒤따랐다. 'AI가 만든 결과물을 예술로 인정할 수 있는가', '디자이너의 역할은 어디까지인가'에 대한 뜨거운 토론이 벌어진 것이다.

Flowy - 멀티스크린 UX 흐름 자동 분석

플로위(Flowy)는 UX 디자이너를 위해 개발된 AI 기반 툴로, 수십 개에서 수백 개에 이르는 화면을 가진 복잡한 서비스의 사용자 흐름을 자동으로 분석하고 시각화하는 기능을 제공한다. 대형 서비스에서는 로그인, 회원 가입, 상품 탐색, 장바구니, 결제, 고객센터 등 수많은 화면이 얽혀 있는데, 이를 손으로 일일이 배치하고 연결선을 긋는 일은 시간이 오래 걸릴 뿐 아니라 오류가 잦았다.

플로위는 이런 문제를 해결하기 위해 등장했다. 디자이너가 피그마나 스케치 같은 툴에서 만든 화면 파일을 업로드하면, AI가 각 화면의 기능과 전환 버튼을 자동으로 탐색한다. 그 결과, 서비스의 전체 여정을 트리 구조나 사용자 플로 차트로 재구성해 보여준다. 예를 들어 로그인→홈→상품 목록→상세 페이지→결제 완료라는 일련의 흐름이 자동으로 시각화된다.

플로위의 강점은 단순한 연결 시각화를 넘어서 패턴 분석과 자동 리포트 기능에 있다. AI는 화면의 목적과 배치 패턴을 비교하여, 비슷한 화면을 묶거나 중복된 경로를 표시한다. 예컨대 회원 가입 단계에 동일한 입력 화면이 두 번 반복되거나, 결제 과정에서 불필요하게 경로가 길어지는 경우를 감지해 낸다. 디자이너는 이 리포트를 통해 “어디에서 사용자 이탈 가능성이 높은지”, “불필요한 화면이 어디에 있는지”를 빠르게 확인할 수 있다.

중요한 점은 플로위가 UI를 직접 수정하는 툴은 아니라는 것이다. 디자인의 색상이나 버튼 배치를 바꾸는 것이 아니라, 서비스 전체 구조를 읽어내어 문제 지점을 알려주는 분석 도구라는 점이다. 따라서 플로위는 일종의 “UX 진단 툴”에 가깝다. 문제점을 인식한 후의 구체적 개선 작업은 여전히 디자이너의 몫이다. 하지만 구조적 문제를 사전에 발견해 주기 때문에, 이후의 개선 작업이 훨씬 효율적이 된다.

플로위는 특히 대규모 앱 리뉴얼 프로젝트에서 효과를 발휘한다. 예를 들어 수년간 기능이 덧붙여진 앱의 경우, 서비스 맵이 복잡하게 얽혀 있어 담당자조차 전체 흐름을 파악하기 어려운 경우가 많다. 플로위를 사용하면 수백 개 화면이 어떤 경로로 연결되어 있는지 한눈에 파악할 수 있어, 기획자와 디자이너가 동일한 이해를 공유할 수 있다. 이로 인해 기획-디자인-개발 간 의사소통 비용이 크게 줄어든다.

또한 개선 효과 추적에도 유용하다. 특정 화면을 통합하거나 삭제한 뒤 다시 플로를 분석하면, AI가 새로운 흐름을 재구성해 이전 버전과 비교할 수 있다. 이를 통해

UX 개선 전후의 변화를 시각적으로 확인하고, 반복적으로 최적화를 진행할 수 있다.

결국 플로위는 디자이너의 반복적이고 시간이 많이 드는 "서비스 플로 정리" 작업을 대체하고, 디자이너가 보다 고차원적인 문제 해결에 집중할 수 있게 돕는 도구다. UX 설계에서 발생하는 가장 큰 난관 중 하나인 복잡성 관리를 AI가 대신 맡아주는 셈이다.

참고문헌

Haththotuwa, S.(2025.1.24). Reebok Co-Founder Backs Syntilay for First AI-Designed, 3D-Printed Shoe. Futureweek. https://futureweek.com/reebok-co-founder-backs-syntilay-for-first-ai-designed-3d-printed-shoe

Space10(2023). How can AI assist designers to make more sustainable products using abundant local materials?. https://space10.com/projects/products-of-place

The Times(2025.1.2). Zaha Hadid Architects builds 'winner proposals' with AI. https://www.thetimes.com/business-money/entrepreneurs/article/zaha-hadid-architects-builds-winner-proposals-with-ai-enterprise-network-qs7m7txwz

10
추가 리소스와 학습 자료

AI 시대의 디자이너에게 필요한 역량은 단순한 툴의 사용법을 아는 데 그치지 않는다.
'학(學)'은 이론과 지식을 통해 원리를 이해하는 과정이고, '습(習)'은 직접 도구를 다루며 몸에 익히는 과정이다. '학습(學習)은 이 두 가지가 맞물릴 때 비로소 완성되며, AI 툴 역시 마찬가지다. 따라서 디자이너는 꾸준히 배우고(學), 반복적으로 사용하며(習), 자신만의 노하우로 체화해 나가야 한다.

AI와 미래 의사?

공식 튜토리얼 학습

AI 툴을 익히는 가장 빠른 방법은 제작사에서 제공하는 공식 튜토리얼을 참고하는 것이다. 공식 튜토리얼은 단순한 사용법을 넘어, 툴의 철학과 업데이트 방향을 가장 먼저 알려주기 때문에 신뢰도가 높아 독학하는 디자이너에게는 일종의 "교과서" 역할을 한다.

미드저니(Midjourney)

- 링크 : https://docs.midjourney.com

- 학습 가이드

1) 튜토리얼 첫 화면에서 [Getting Started]를 클릭한다.

2) 가이드에 따라 로그인과 필요시 구독을 진행한다.

3) 제작페이지에 접속한 후, 제공된 시작 가이드에 이미지 10장을 바로 만들어 본다.

4) 문장 길이를 바꿔가며 서술어 · 형용사에 따라 결과물에 어떤 영향을 주는지 비교한다.

5) 동일 프롬프트에서 비율/세부화/랜덤성(스타일 · 변주 관련 설정)만 바꾸어 결과 차이를 기록한다.

6) 마지막으로 참고 이미지를 업로드 한 후, [변주] 기능을 수행하여 프롬프트를 텍스트만으로 할 때와 어떤 차이가 나는지 비교한다.

Open AI & ChatGPT

- 링크 : https://platform.openai.com/docs/actions
- 학습 가이드

1) 로그인 후 ChatGPT Actions 페이지에 진입한다.

2) [소재] 페이지에서 GPT와 API 연동에 대한 설명을 읽고, 자동화에 대한 개념을 이해한다.

3) [시작하기] 페이지 안내에 따라 Step1부터 예제를 실행한다.

4) 처음부터 응용하기 보다는 제공된 코드와 지침을 그대로 적용하면서 이해한다.

5) 더 자세한 사례나 설명을 알고 싶다면, 좌측 하단의 [Cookbook] 페이지를 활용한다.

런웨이(Runway)

- 링크 : https://help.runwayml.com
- 학습 가이드

1) Getting Started 가이드에서 제공하는 예제 프로젝트를 연다.

2) 텍스트로 프롬프트를 입력하여, 텍스트→영상 변환 기능으로 2~3개의 짧은 영상 클립을 생성한다.

3) 브랜드 무드보드에서 추출한 키워드를 프롬프트로 입력

하고, 키워드에 해당하는 참고 이미지를 함께 업로드하여 영상의 스타일과 톤을 일치시켜 본다.

4) 생성된 영상은 길이 · 화질 · 채널 비율(예: 9:16, 1:1 등)을 설정하고, 마케팅 캠페인에 필요한 여러 버전으로 출력한다.

5) 동일한 프롬프트에 세부 단어를 추가 · 삭제하며 결과의 차이를 기록하여, 프로젝트별로 활용 가능한 프롬프트 라이브러리를 만든다.

피그마 AI(Figma AI)

- 링크 : https://help.figma.com
- 학습 가이드

1) 피그마에서 학습용 디자인 파일을 생성한 후, 텍스트를 입력한다.

2) 텍스트를 선택하고 Rewrite · Translate 기능을 실행하여 다국어 컴포넌트를 제작한다.

3) 와이어프레임 단계에서 Make · 이미지 생성 기능을 활용하여 버튼, 아이콘, 레이아웃을 자동으로 보완한다.

4) 팀 프로젝트인 경우 관리자 권한으로 조직 설정 메뉴에 들어가, AI 기능이 전체 파일에 일관되게 적용되도록 점검한다.

5) 피그마 AI를 포함한 다양한 기능은 Figma Learn 페이지 상단에서 주요 기능명을 클릭하면 상세 사용법을 확인할 수 있다.

6) 또는 Figma Community에 방문하면 전 세계 피그마 유저들의 작업물이나 AI 플러그인을 실행할 수 있다. 웹 기반이기 때문에 별도의 다운로드 없이 나의 작업 파일에 즉시 적용하여 결과물을 빠르게 확인할 수 있다.

어도비 파이어플라이(Adobe Firefly)

- 링크 : https://www.adobe.com/learn/firefly
- 학습 가이드

1) Text to Image 기능을 실행하고 브랜드 키워드(톤 · 질감 · 조명)를 입력하여 9장의 룩북 세트를 제작한다.

2) Generative Fill 기능으로 제품이나 소품을 선택한 후, 새로운 객체를 추가하거나 교체하여 시각적 변화를 준다.

3) Image→Video 기능을 사용하여 키프레임 이미지를 업로드하고 프롬프트를 결합하여 짧은 영상 클립을 제작한다.

4) Adobe Express / Photoshop과 연동해 동일한 템플릿과 스타일을 불러오고, 프로젝트 전반에 일관된 톤 앤 매너를 유지한다.

5) 제작된 이미지와 영상은 크리에이티브 클라우드 라이브

러리에 저장하여 팀원과 공유한다.

강의 플랫폼과 커뮤니티

AI 툴은 빠르게 진화하고 있어 단순히 툴의 기능을 익히는 것에 그치지 않고, 학습자가 스스로 지속적으로 업데이트되는 흐름을 따라가야 한다. 공식 튜토리얼이 툴의 기초를 제공한다면, 강의 플랫폼과 커뮤니티는 보다 체계적이고 실습 중심의 학습이 가능하다. 강의는 AI 초보자가 입문하기에 적합한 구조를 갖추고 있으며, 커뮤니티는 실무자가 새로운 기능을 빠르게 습득할 수 있도록 프로젝트 기반의 학습이 가능하다. 따라서 플랫폼과 커뮤니티는 AI 툴을 처음 접하는 디자이너뿐 아니라, 이미 실무에 있는 전문가가 자기 역량을 확장하는 데에도 효과적인 학습 경로다.

구체적으로 어떤 방법을 선택할지는 AI 툴 이해도를 객관적으로 판단하여 초보자인 경우에는 강의를, 경험자인 경우에는 커뮤니티를 선택하는 것이 좋다. 또한 실무에서 바로 적용할 수 있어야 하기 때문에 디자이너의 업무 맥락에 따라 글로벌 플랫폼과 국내 플랫폼, 디자인 특화 강좌와 범용 강좌 중에서 적합한 경로를 고르는 것이 중요하다.

코세라(Courera)-글로벌 강의 플랫폼

코세라는 2012년 스탠퍼드 출신 교수들이 설립한 글로벌 온라인 학습 플랫폼으로, 전 세계 200여 개 대학과 기업이 강좌를 제공하고 있다. 정규 대학 과목과 유사한 커리큘럼이 많으며, 학위 과정이나 전문 자격증 프로그램까지 이어지는 경우도 있다. 강좌는 대체로 4~6주 단위 모듈로 구성되어 있고, 강의 영상과 함께 퀴즈, 과제, 동료 평가 과제가 포함된다. 따라서 단순히 듣고 끝나는 학습이 아니라, 실제로 과제를 제출하며 체계적으로 학습할 수 있다. 디자인 관련해서는 'Creative Thinking', 'Human-Centered Design', 'AI for Everyone' 같은 교양 과정부터, 'Interaction Design Specialization', 'Data-driven UX Design' 같은 심화 과정까지 다양하다. 장점은 학문적 깊이와 체계적 구조이지만, 영어 강의가 대부분이라 언어 장벽이 있을 수 있고, 일부 과정은 수강료가 높게 책정되어 있다. 그러나 완강 시 수료증이나 전문 자격증을 받을 수 있어 포트폴리오와 커리어 개발에 직접적으로 활용할 수 있는 점은 가장 큰 차별점이다.

유데미(Udemy)-글로벌 강의 플랫폼

유데미는 누구나 강의를 개설해 등록할 수 있는 오픈 마켓형 학습 플랫폼이다. 이 때문에 강좌 주제의 폭이 매우 넓고,

최신 트렌드를 빠르게 반영한 강의가 많다. 신생 AI 툴 강좌도 이미 다수 올라와 있어 디자이너가 단기간에 툴 사용법을 익히기에 유리하다. 강의는 평균 2~10시간 정도로 짧고, 예제 파일과 함께 실습을 진행하는 경우가 많아 실무에 바로 적용할 수 있다. 또한 자막 기능과 다운로드 기능이 있어 언제 어디서나 학습할 수 있다. 단점은 강의 품질의 편차가 크다는 점이다. 누구나 강의를 개설할 수 있기 때문에 강사 역량에 따라 내용의 깊이나 구성력이 다르다. 하지만 수강생 리뷰와 별점 시스템이 잘 구축되어 있어, 평가가 높은 강좌를 선택하면 학습 효과를 보장받을 수 있다. 특히 세일 기간에는 수십만 원짜리 강의도 만 원대에 수강할 수 있어 가성비가 뛰어나다는 점에서 많은 학습자들이 선호한다.

도메스티카(Domestika)-**글로벌 강의+커뮤니티**

도메스티카는 디자인, 일러스트, 사진, 브랜딩, 영상 제작 등 창의적 분야에 특화된 글로벌 학습 플랫폼이다. 원래는 스페인에서 출발했기 때문에 유럽권 크리에이터들의 강좌가 많으며, 강의 영상 자체가 하나의 작품처럼 높은 완성도로 제작된다. 따라서 배우는 과정 자체가 시각적 경험으로 풍부하고, 디자인 감각을 자극하는 효과가 있다. 강의는 프로젝트 중심으로 구성되어 있어, 학습자가 단순히 툴 사용법을 배우는 것이 아니라 최종 결과물을 완성할 수 있도록 설계되어 있다. AI 툴과 관련해서는 'AI와 그래픽 디자인', 'AI 기반 일러스트 제작', '브랜딩에서 AI 활용' 같은 실험적인 강좌가 빠르게 업데이트되고 있다. 단점은 언어 장벽이다. 원래 스페인어 강의가 많아 자막 의존도가 높은 편이지만, 최근에는 영어 · 한국어 자막이 확대되고 있다. 차별점은 강의 커뮤니티가 활발하다는 점이다. 학습자들이 서로 결과물을 공유하고 피드백을 주고받는 구조가 있어, 혼자 공부하는 것이 아니라 함께 성장하는 학습 경험을 제공한다.

패스트.ai(Fast.ai)-**글로벌 강의+커뮤니티**

패스트.ai는 무료 오픈소스 커리큘럼으로, '실용적인 딥러닝 교육'을 목표로 한다. 구글, 마이크로소프트 같은 기업 지원을 받아 운영되고 있으며, AI와 머신러닝을 학문적 이론보다 실습 중심으로 학습할 수 있다. 강좌는 파이선 프로그래밍, PyTorch 프레임워크를 기반으로 실제 코드를 실행하고 이미지 분류, 자연어 처리, 추천 시스템 같은 모델을 직접 만들어 보는 과정까지 포함한다. 따라서 단순히 AI 툴을 사용하는 수준을 넘어서, AI가 어떤 원리로 작동하는지, 모델을 어떻게 개선할 수 있는지를 깊이 이해할 수 있다. 이 과정은 디자이너가 직접 모델을 훈련하거나 커스터마이즈할 수 있는 역량을 기를 수 있다는 장점이 있다. 다만 프로그래밍 경험이 전혀 없는 학습자에게는 진입 장벽이 될 수 있다. 하지만 기본적인 코딩 경험이 있는 디자이너라면, Fast.ai 강좌를 통해 AI를 '블랙박스 툴'이 아닌 '이해 가능한 도구'로 바라보게 되며, 더 전략적인 활용이 가능해진다. 무료라는 점과 커뮤니티 지원이 활발하다는 점도 큰 장점이다.

인프런(Inflearn)**-국내 강의 플랫폼**

인프런은 국내에서 가장 많이 사용되는 온라인 학습 플랫폼 중 하나로, IT · 디자인 · 비즈니스 전반의 강의를 제공한다. 특히 한국어 강의가 중심이어서 언어 장벽이 없고, 실무에 곧바로 활용할 수 있는 강좌가 많다. UX/UI 디자인, 프로덕트 디자인, 프론트엔드 개발과 같은 인접 분야 강의도 풍부해, 디자이너가 협업 맥락을 이해하는 데 큰 도움이 된다. 최근에는 AI 툴 강좌도 활발히 개설되고 있어, 글로벌 플랫폼에서 영어로 수강하기 어려운 학습자에게 좋은 대안이 된다. 장점은 실무 강사들이 직접 경험을 바탕으로 강좌를 제작해, 실제 프로젝트 적용 사례가 많다는 점이다. 다만 국내 플랫폼인 만큼 글로벌 최신 트렌드를 가장 빠르게 반영하는 데에는 속도가 느릴 수 있다.

패스트 캠퍼스-국내 강의 플랫폼

패스트 캠퍼스는 국내에서 가장 규모가 큰 직무 교육 플랫폼 중 하나로, IT, 디자인, 마케팅, 데이터 분야의 강좌를 폭넓게 제공한다. 정규 교육과정(부트 캠프)부터 단기 특강까지 학습자가 선택할 수 있는 경로가 다양하다. 디자인 직군에서는 UX/UI, 그래픽 디자인, 프로덕트 디자인 강좌가 풍부하며, 최근에는 AI 툴 활용 과정도 활발히 개설되고 있다. 장점은 실제 기업과 협업한 커리큘럼과 강사진으로, 실무에 바로 적용 가능한 과정을 수강할 수 있다는 점이다.

지피터스(Gpters)-국내 AI 커뮤니티

지피터스는 AI, 데이터, 프로그래밍 분야에 특화된 국내 교육 플랫폼이다. 최신 AI 툴과 프레임워크를 빠르게 강좌로 출시하는 것이 강점이다. 모든 강의가 한국어로 제공되며, 실습 중심의 짧은 강좌부터 심화 과정까지 다양하게 준비되어 있다. 디자이너 입장에서는 AI 툴을 단순히 사용하는 법을 넘어, 내부 작동 원리와 응용 방법까지 이해할 수 있다는 점이 특징이다. 다만 상대적으로 디자인 비중은 적고, 기술 중심의 강좌가 많기 때문에 기초적인 코딩 학습 의지가 있는 디자이너에게 적합하다.

참고문헌

도메스티카. https://www.domestika.org

레딧 UX디자인 커뮤니티. https://www.reddit.com/r/UXDesign

런웨이 학습 페이지. https://learn.runwayml.com

미드저니 커뮤니티. https://www.midjourney.com/showcase

미드저니 튜토리얼. https://docs.midjourney.com

어도비 튜토리얼. https://www.adobe.com/kr/learn

오픈AI 튜토리얼. https://platform.openai.com/docs

유데미. https://www.udemy.com

인프런. https://www.inflearn.com

지피터스. https://www.gpters.org

코세라. https://www.coursera.org

피그마 커뮤니티. https://www.figma.com/community

피그마 헬프 센터. https://help.figma.com

패스트.ai. https://www.fast.ai

패스트캠퍼스. https://fastcampus.co.kr

정다운

계원예술대학교 광고브랜드학과 외래교수, 명지대학교 디지털콘텐츠디자인학과 객원교수다. 아주대학교 미디어학부를 졸업하고, 홍익대학교 국제디자인전문대학원에서 디자인경영학 석사 학위를 받았다. 현재는 동 대학원 디자인학 박사 과정으로 제품과 서비스의 사용자경험(UX) 설계와 평가가 주된 연구 분야다. 공저로 《UX심리학 한달 완성》(2023), 논문은 "ChatGPT 사용자경험 측정모형의 구성타당도와 이해타당도 평가"(2024), "소규모 요양원의 경쟁력 강화를 위한 브랜딩 전략 연구"(2017) 등이 있다. 에듀테크 스타트업 리데크리에이티브에서 디자인팀장(2012~2017), 아발론교육에서 IT기획자(2017~2018), UX에이전시 유씨드에서 책임연구원 (2019~2020), 맘이랜서에서 UX팀장(2021~2023)으로 근무하면서 혁신적인 에듀테크와 헬스케어 서비스를 기획하고 디자인하는 프로젝트에 다수 참여했다. 문화예술교육사로서 장항공공도서관에서 창의미술교실 주 강사로 수업을 진행했고, 문화예술교육사협회 소속으로 매년 작품 전시와 예술 교육 연구회에 참여하고 있다.